SUN TZU

A ARTE DA GUERRA

Obra escrita em chinês por Sun Tzu, general do exército do reino de Wu, e traduzido para a língua manchu por ordem do imperador Kangxi, no 27º ano do ciclo de 60, ou seja, 1710.

Trecho de **A Arte Militar dos Chineses,** ou **Coleção de Antigos Tratados sobre a Guerra,** escritos antes da era cristã por diferentes generais chineses.

Traduzido para o francês pelo padre **Joseph-Marie Amiot** (1718-1793), missionário em Pequim.

SUN TZU
A ARTE DA GUERRA

Traduzida do manchu para o francês por
PADRE JOSEPH-MARIE AMIOT

Tradução do francês por
ERIKA JURDI

2ª EDIÇÃO | BRASIL | 2019

Lafonte

Título original: *Les treize articles sur L'Art Militaire*
Copyright da tradução © Editora Lafonte, 2019

Todos os direitos reservados.
Nenhuma parte deste livro pode ser reproduzida sob quaisquer meios existentes sem autorização por escrito dos editores.

Edição Brasileira

Direção Editorial Ethel Santaella
Coordenação Beluga Editorial
Revisão Suely Furukawa
Projeto gráfico Marcelo Almeida
Imagens Cade/shutterstock.com (capa); Aberturas: ilustrações do livro Arte Militar Chinesa

---

Dados Internacionais de Catalogação na Publicação (CIP)
(Câmara Brasileira do Livro, SP, Brasil)

Tzu, Sun
  Arte da guerra / Sun Tzu ; [traduzida do manchu para o francês por Padre Joseph-Marie Amiot ; tradução do francês por Erika Jurdi. -- 2. ed. -- São Paulo : Lafonte, 2019.

  Título original: Les treize articles sur l'Art militaire
  ISBN 978-85-8186-416-7

  1. Arte e ciência militar - Obras anteriores a 1800 2. Guerras - Estratégias militares - China - 500 a.C. I. Título.

19-31053   CDD-355

Índices para catálogo sistemático:

1. Arte e ciência militar   355

Cibele Maria Dias - Bibliotecária - CRB-8/9427

2ª edição brasileira: 2019
Direitos de edição em língua portuguesa, para o Brasil, adquiridos por Editora Lafonte Ltda.

Av. Profa. Ida Kolb, 551 - 3º andar - São Paulo - SP - CEP 02518-000
Tel.: 55 11 3855-2286
atendimento@editoralafonte.com.br * www.editoralafonte.com.br

Impressão e acabamento:
Gráfica Oceano

Sumário

Apresentação 09

Prefácio..11

Capítulo I
Fundamentos da arte militar.....................................23

Capítulo II
Dos inícios da campanha..31

Capítulo III
Do que é preciso prever antes do combate 39

Capítulo IV
Da capacidade das tropas 49

Capítulo V
Da habilidade para gerenciar as tropas...........................57

Capítulo VI
Do cheio e do vazio..65

Capítulo VII
Das vantagens que se busca 75

Capítulo VIII
Das nove mudanças 85

Capítulo IX
Da conduta que as tropas devem ter..........................97

Capítulo X
Do conhecimento do terreno................................. 111

Capítulo XI
Dos nove tipos de terreno 123

Capítulo XII
Das especificidades de se lutar com fogo...................... 143

Capítulo XIII
Do emprego da discórdia....................................... 151

Apresentação

A Arte da Guerra
O maior clássico de estratégia militar

Pesquisas indicam que Sun Tzu viveu por volta do ano 500 a.C., no reino de Qi, uma época turbulenta na história chinesa, quando o território da China atual estava dividido entre diversos reinos em guerra constante, até a unificação e início do período imperial.

Quase dois milênios se passaram e muitas alterações ao texto original foram feitas por diversos tradutores e comentaristas até que o mundo pudesse ter acesso à primeira tradução para um idioma ocidental, elaborada pelo padre jesuíta francês Joseph-Marie Amiot. Este é o texto que apresentamos nesta edição, em linguagem atual, traduzida da obra em francês do padre Amiot.

O padre viveu na China durante o século XVIII, época da Dinastia Qing, por isso as referências em notas de rodapé à "China atual" correspondem à China imperial do século XVIII. Do mesmo modo, quaisquer comparações sob o ponto de vista francês ou europeu devem levar em conta que o padre Amiot viveu na França renascentista.

A influência deste texto do general Sun Tzu em toda a história militar da humanidade nos mais de 2.500 anos seguintes é inegável. Os ensinamentos foram lidos por grandes conquistadores e comandantes por todo o mundo. Influenciou tudo o que se desenvolveu desde então em estratégias militares.

Os nomes chineses citados no texto apresentam dificuldade também para uma edição moderna do texto. A língua chinesa não tem uma transcrição fácil e unificada para o nosso alfabeto. Nomes chineses mais conhecidos, com uma conversão já consagrada para nosso alfabeto, como o reino de Wu ou o imperador Huang-Di, foram atualizados. Aqueles para os quais não foi possível encontrar uma fonte confiável para a conversão foram mantidos como no original francês.

A Arte da Guerra se sobrepõe a todos obstáculos linguísticos e históricos. Continua com uma gigantesca influência no pensamento estratégico, seja no campo de batalha, nos negócios, na política ou em qualquer outro.

Erika Jurdi

Prefácio

Antes de expor as obras de Sun Tzu, convém, dizem os estudiosos, conhecer sua pessoa e dar uma ideia de seus talentos para formar tropas e para conservar a disciplina militar. Aqui se apresenta em poucas palavras como é preenchido este duplo objeto, e a verdadeira (ou suposta) história que é contada sobre este general.

Sun Tzu, dizem, nasceu súdito do rei de Qi[1] e foi o homem mais versado que já existiu na arte militar. A obra que compôs e as grandes ações que concluiu são provas de sua profunda capacidade e de sua experiência consumada nesse gênero. Antes mesmo de conquistar essa grande reputação que o distinguiu por todas as províncias que hoje compõem o império e das quais a maioria carrega o nome do reino[2], seu mérito era conhecido em todos os lugares vizinhos de sua pátria.

O rei de Wu[3] estava em tensão com os reis de Zhou e de Ho-Lu[4]. Estavam ao ponto de entrar em confronto direto, e todas as partes faziam seus preparativos para a guerra. Sun Tzu não queria ficar ocioso. Convencido de que o papel de espectador não fora feito para ele, se apresentou ao rei de Wu para conseguir um emprego em suas tropas. O rei, encantado que um homem de tal mérito se

---

1. O reino de Qi ficava em Chan Tong.
2. Nota da tradutora: como explicado no prefácio, esta versão do texto foi escrita no século 18, portanto, considera como China "atual" o império chinês da dinastia Qing, em vigor na época.
3. O reino de Wu ficava em Tche-Kiang. Se estendia por Kiang-si e por Kiang-nan, e ocupava uma parte de cada uma dessas províncias.
4. O reino de Ho-Lu ficava em Chan-Tong. É chamado mais comumente de reino de Lu.

encontrava a seu favor, o acolheu bem. Queria vê-lo e interrogá-lo pessoalmente.

– Sun Tzu, – disse o rei – eu vi a obra que você criou sobre a arte militar e fiquei feliz, mas os preceitos que você dá me parecem ter uma execução bem difícil. Existem até alguns que creio serem absolutamente impraticáveis. Mesmo o senhor, conseguiria executá-los? Pois a teoria é muito distante da prática. As pessoas imaginam os mais belos meios enquanto estão tranquilas em seus gabinetes e só guerreiam na imaginação. Não é a mesma coisa quando se encontram no cenário real. E aí acontece de enxergarem como impossível o que antes consideravam como muito fácil.

– Majestade, – respondeu Sun Tzu – não disse nada nos meus escritos que já não tenha praticado nos exércitos; mas o que eu ainda não disse, e que atrevo assegurar-lhe hoje, Sua Majestade, é que estou em condições de colocar em prática para quem for necessário, e treiná-lo em exercícios militares quando eu tiver autoridade para fazê-lo.

– Eu entendo – replicou o rei. – O senhor quer dizer que instruirá facilmente homens inteligentes com suas máximas, que formará aos exercícios militares, sem muita pena, homens acostumados ao trabalho, dóceis e plenos de boa vontade. Mas a grande maioria não é desse tipo.

– Não importa – respondeu Sun Tzu. – Eu disse quem for necessário, e não excluo ninguém da minha proposta: os mais rebeldes, os mais covardes e os mais frágeis estão incluídos.

– A seu ver – retomou o rei –, o senhor inspiraria até mesmo às mulheres os sentimentos guerreiros; o senhor as prepararia para os exercícios de combate.

– Sim, majestade – replicou Sun Tzu num tom firme. – Peço que não tenha dúvidas.

O rei, que já não se divertia mais com as distrações comuns da corte, dadas as circunstâncias em que se encontrava no momento, aproveitou a ocasião para conseguir um novo passatempo.

– Tragam-me aqui – disse ele – cento e oitenta das minhas mulheres.

Foi obedecido e as princesas apareceram. Entre elas se encontravam duas em especial que o rei amava ternamente; elas seguiam à frente das outras.

– Veremos – disse o rei sorrindo – Veremos, Sun Tzu, se o senhor manterá sua palavra. Eu faço do senhor general dessas novas tropas. Em toda a extensão de meu palácio, o senhor só precisa escolher o lugar que lhe pareça o mais cômodo para os exercícios militares. Quando elas forem suficientemente instruídas, o senhor me avisará e irei em pessoa julgar as habilidades delas e seu talento.

O general, que percebeu todo o ridículo do personagem que queriam que interpretasse, não se desconcertou. Ao contrário, pareceu muito satisfeito em honrar a ordem do rei, que não somente o deixou ver suas mulheres, mas ainda as colocou sob sua direção.

– Não o decepcionarei, meu senhor – disse a ele com tom tranquilizador – Espero que em pouco tempo Sua Majestade terá razões para estar contente com meus serviços. Será convencido, pelo menos, de que Sun Tzu não é um homem que se aventura com imprudência.

O rei se retirou para um aposento interior, e o guerreiro pensava apenas em executar sua missão. Pediu armas e todo equipamento militar para seus novos soldados; e esperando que tudo ficasse pronto, conduziu sua tropa por um dos corredores do palácio, que parecia a ele o mais apropriado para seu projeto. Não demorou até que lhe entregassem o que foi pedido. Sun Tzu então dirigiu a palavra às princesas:

> – Vocês estão agora – disse a elas – sob minha direção e minhas ordens: devem me escutar atentamente e obedecer a todos os meus comandos. Essa é a primeira e mais essencial das leis militares, então tenham muito cuidado para não quebrá-la. Quero que a partir de amanhã façam os exercícios perante o rei, e espero que cumpram com exatidão.

Após essas palavras, ele as vestiu em armaduras, deu a cada mulher uma lança, as dividiu em dois grupos e colocou uma das princesas favoritas do rei à frente de cada grupo. Feitos os arranjos, começou suas instruções em seus termos:

> – Conseguem diferenciar bem seu peito de suas costas, e sua mão direita da sua mão esquerda? Respondam.

Algumas risadinhas foram a única resposta que recebeu no início. Mas como continuava quieto e sério:

> – Sim, sem dúvida – responderam-lhe em seguida as damas em uma só voz.
> – Dito isso – retomou Sun Tzu – guardem bem o que vou lhes dizer. Quando o tambor tocar apenas uma vez, vocês devem ficar como estão agora. Só prestem atenção no que está diante de seu peito. Quando o tambor tocar duas vezes, vocês devem se

virar de forma que seu peito fique no lugar onde antes estava sua mão direita. Se ao invés de duas batidas vocês escutarem três, deverão se virar de modo que seu peito fique precisamente no lugar onde antes se encontrava sua mão esquerda. Mas se o tambor tocar 4 vezes, devem se virar de forma que seu peito se encontre onde estava suas costas, e suas costas, onde estava seu peito. Isso que acabei de dizer pode não ter ficado claro: eu explico. Um toque do tambor significa que não devem mudar de continência, que devem ficar em guarda. Dois toques, que devem virar para a direita. Três toques, que devem virar para a esquerda. E quatro toques, que devem fazer uma meia-volta.

E continuou:

– Vou me explicar novamente. A ordem que seguirei é tal: Primeiro, vou bater uma vez. Com esse sinal vocês devem ficar prontas para ouvir a ordem que seguirá. Alguns momentos depois, eu vou bater duas vezes. Assim, todas juntas, vocês virarão para a direita com seriedade. Depois eu tocarei não três vezes, mas quatro, e vocês farão a meia--volta. Eu retomarei então a primeira situação, como anteriormente, tocarei uma vez. Concentrem-se com este primeiro sinal. Em seguida eu tocarei não duas, mas três vezes, e vocês virarão à esquerda. Com quatro toques vocês completarão a meia-volta. Compreenderam bem o que eu disse? Se restar qualquer dificuldade, só precisam me perguntar e eu tentarei resolver.

– Entendemos – responderam as moças.

– Concluindo essa introdução – retomou Sun Tzu – vou começar. Não esqueçam que o som do tambor está tomando o lugar da voz do general, porque é através dele que o general lhe dá as ordens.

Depois dessa instrução repetida três vezes, Sun Tzu organizou novamente sua pequena armada, e após tocou uma vez o tambor. Com esse barulho, todas as damas começaram a rir. Tocou duas vezes, elas riram mais ainda. O general, sem perder a seriedade, lhes dirigiu a palavra nestes termos:

> – Pode ser que eu não tenha explicado com suficiente clareza as instruções que lhes dei. Se for esse o caso, a culpa é minha. Tratarei de corrigir este erro falando de uma maneira que esteja mais a seu alcance.

Imediatamente, ele repetiu três vezes a mesma lição em outros termos.

> – Veremos agora se serei melhor obedecido. – acrescentou.

Tocou uma vez o tambor, tocou duas vezes. Vendo seu ar de gravidade e os aparelhos bizarros que vestiam, as mulheres esqueceram que precisavam obedecer. Após alguns momentos tentando conter o riso que as sufocava, elas enfim o deixaram escapar as gargalhadas sem moderação.
Sun Tzu não se desconcertou, mas no mesmo tom com que falou anteriormente, disse a elas:

> – Se eu não tivesse me explicado bem, ou se vocês não tivessem me assegurado, em uma só voz comum, que vocês não tinham compreendido o que eu lhes disse, vocês não teriam culpa. Mas eu falei claramente, como vocês mesmas admitiram. Por que não me obedeceram? Vocês merecem punição, e deve ser uma punição militar. Entre as pessoas da guerra, quem não obedece às ordens de seu general merece a morte. Então, devem morrer.

Após esse curto preâmbulo, Sun Tzu ordenou que as mulheres de ambas as fileiras matassem as duas que estavam na frente. No mesmo instante, um dos homens encarregados da proteção das mulheres, vendo que o guerreiro não apreciava chacotas, foi avisar ao rei o que estava acontecendo.

O rei enviou um mensageiro para proibi-lo de continuar, principalmente de maltratar as duas mulheres que ele amava mais, e sem as quais não poderia viver.

O general escutou com respeito as palavras vindas do rei que lhe transmitiram, mas não se dissuadiu de suas vontades.

> – Diga ao rei – respondeu – que Sun Tzu o considera muito razoável e muito justo para pensar que ele mudaria de ideia tão rapidamente, e que quer realmente ser obedecido no que veio anunciar. O rei faz a lei, mas ele não pode dar ordens que acabem com a honra que ele mesmo me concedeu. Ele me encarregou de treinar nos exercícios militares 180 de suas mulheres e me constituiu general delas. Depende de mim fazer o resto. Elas me desobedeceram, elas morrerão.

Assim que pronunciou essas últimas palavras, tomou o seu sabre e, com o mesmo sangue frio que havia testemunhado, cortou as cabeças das duas que lideravam as outras. Rapidamente, colocou duas outras em seu lugar, deu as batidas de tambor combinadas anteriormente com sua tropa e, como se as mulheres tivessem a vida toda se ocupado da guerra, elas se viraram em silêncio sempre na posição certa. Sun Tzu dirigiu a palavra ao enviado:

> – Vá advertir o rei que suas mulheres sabem fazer o exercício, que eu posso levá-las à guerra, fazê-las enfrentar todo tipo de perigo, e mesmo fazê-las passar através de água e de fogo.

O rei, tendo ouvido tudo o que se passou, foi penetrado por uma dor intensa.

> – Então, eu perdi – disse com um profundo suspiro – Perdi quem eu mais amava no mundo… Que esse estrangeiro se retire para seu país. Não quero mais nada dele nem de seus serviços… O que fez, seu bárbaro?!... Como viverei agora?

Por mais inconsolável que o rei parecesse naquele momento, o tempo e as circunstâncias o fizeram esquecer sua perda. Os inimigos estavam prontos para saltar sobre ele. Convocou Sun Tzu, o fez general de seu exército, e com sua ajuda destruiu o reino de Zhou[5]. Seus vizinhos que antes mais lhe causavam ansiedade, agora eram tomados pelo medo apenas ouvindo o ruído das belas conquistas de Sun Tzu, e se curvaram diante do rei que tinha tal homem a seu serviço.

---

5. O reino de Zhou ficava em Ho-nan. Kin-tcheou era sua capital.

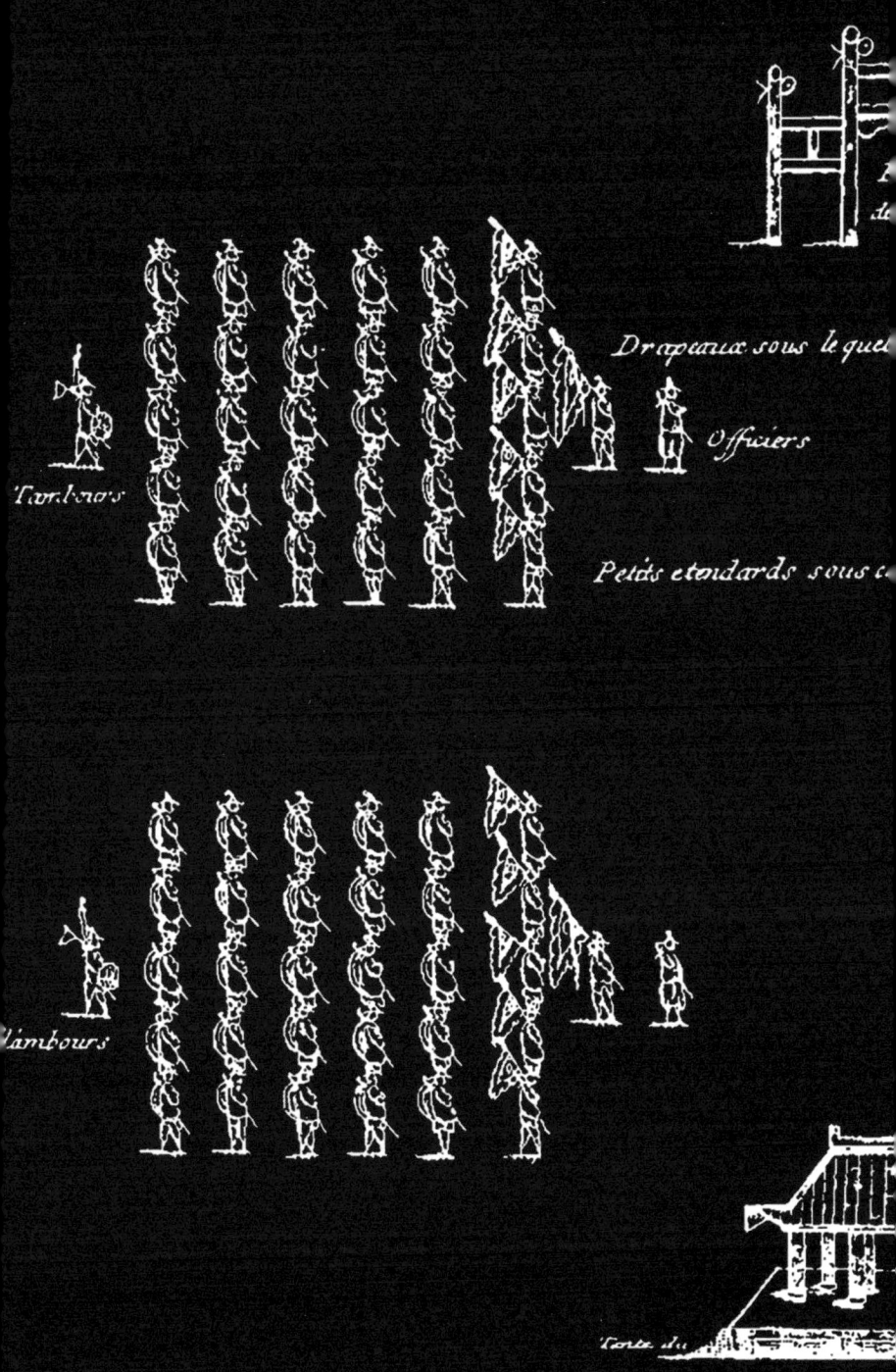

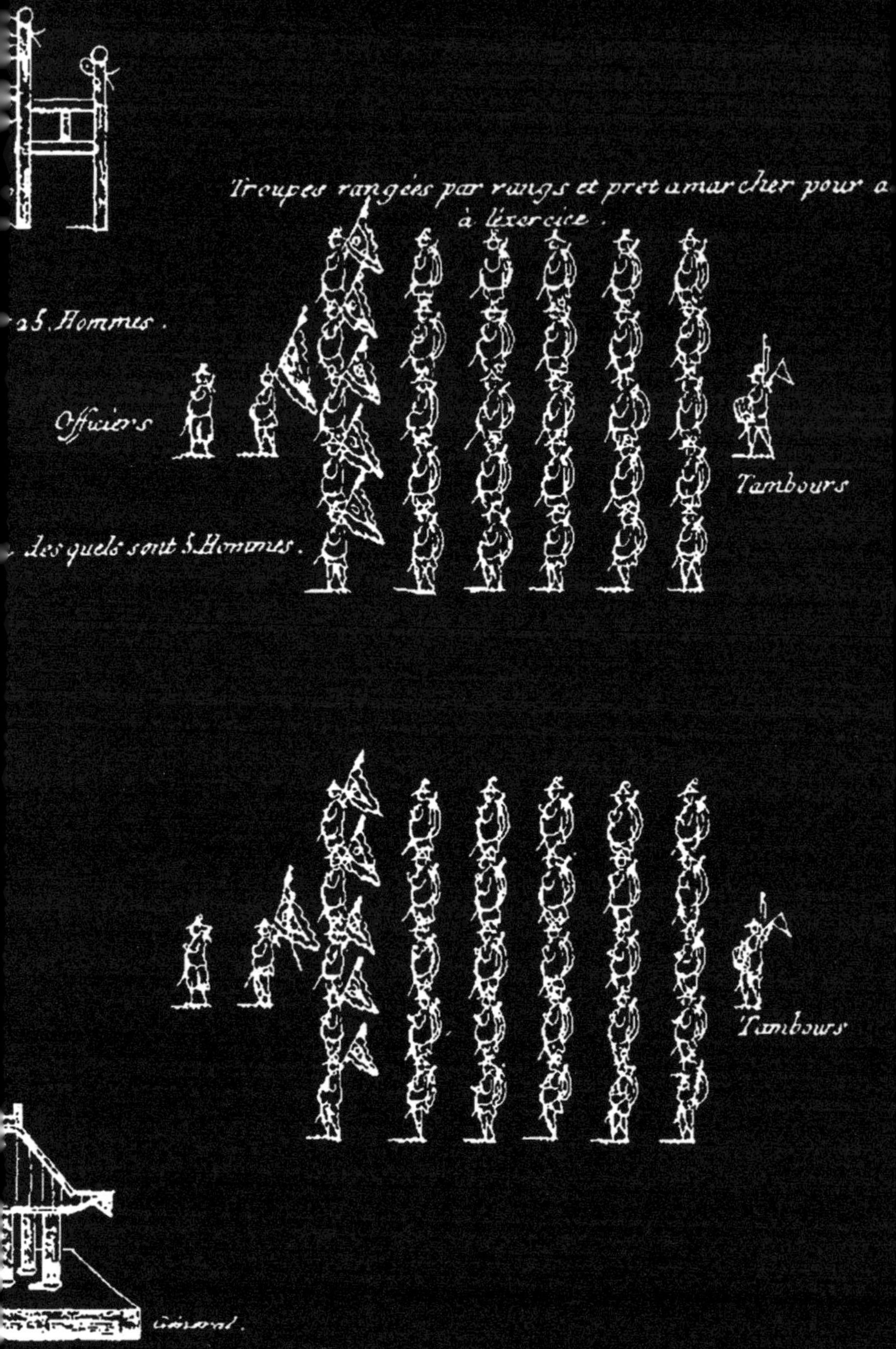

Troupes rangées par rangs et pret a marcher pour a
à l'exercice.

a 5. Hommes.

Officiers

Tambours

desquels sont 5. Hommes.

Tambours

Capítulo I

Fundamentos da arte militar

Sun Tzu
disse:

As tropas são da maior importância para um Estado; delas dependem a vida ou a morte dos súditos, a ascensão ou a decadência do império. Não fazer reflexões sérias sobre o que lhes diz respeito, não trabalhar para as regular adequadamente, é mostrar uma grande indiferença pela conservação ou pela perda do que é mais caro, e esta é uma atitude que não deve existir entre nós.

Capítulo I | Fundamentos da arte militar

Cinco coisas principais devem ser objeto de contínua meditação, e todo o nosso cuidado[1]. Assim como os famosos artistas que, tendo realizado alguma obra-prima, sempre têm em mente o objetivo que estabeleceram, aproveitam tudo que veem e tudo que ouvem, e não esquecem nada para obter novos conhecimentos e todas as ajudas que podem conduzi-los felizmente a seu fim. Se nós queremos que a glória e o sucesso acompanhem nossas armas, jamais devemos perder de vista a *doutrina*, o *Céu*, a *Terra*, o *general* e a *disciplina*[2].

A *doutrina* nos dará os sentimentos uniformes. Ela nos inspirará uma mesma maneira de viver e morrer, e nos deixará igualmente destemidos perante os infortúnios e a morte. Se conhecermos bem o *Céu*, não vamos ignorar os grandes princípios de *yin* e *yang*. Nós saberemos o tempo de sua união e de sua concordância mútua para a produção do frio, do calor, da serenidade ou das tempestades do ar.

A *Terra* não é menos digna de atenção que o Céu. Se a estudarmos bem, teremos o conhecimento do alto e do baixo, do longe e do perto, do largo e do estreito, do que permanece e do que passa.

---

1. Em todo o tratado, o autor dirige a palavra aos militares em geral, mas mais precisamente aos generais e oficiais.

2. Por doutrina podemos entender aqui a religião, pois a doutrina é de fato toda a religião dos chineses. Essa doutrina da qual o autor quer falar é a que ensina aos homens uma moral ditada pelas luzes da razão. Por Céu, o autor entende o conhecimento das coisas puramente naturais que o Céu oferece a nossos olhos sob diferentes climas, em diferentes estações e sob diferentes temperaturas do ar. Ele também entende o conhecimento dos princípios de yin e yang, pelos quais todas as coisas naturais são formadas, e pelos quais os elementos recebem suas variações. Em geral, o yin e o yang são, no sistema da física chinesa, os dois princípios que, posto em ação por um princípio superior, são chamados de Tai-ki, podem produzir tudo que compõe este universo. Por Terra, o autor quer dizer provavelmente o conhecimento da geografia e da topografia de cada lugar em particular. A maneira como os chineses se expressam é relativa a sua maneira de ver o mundo. Muitas vezes, um único ideograma expressa muitas ideias, o que dificulta o entendimento de suas ideias para o leitor estrangeiro. O que noto aqui se aplica a toda a obra.

A doutrina, a igualdade, o amor por aqueles que estão subordinados a nós e por todos os homens em geral, a ciência de recursos, a coragem e o valor; tais são as qualidades que devem caracterizar aquele que está vestido com a dignidade de *general*. Virtudes necessárias, cuja conquista não devemos esquecer: só elas podem nos colocar em posição de caminhar dignamente à frente dos outros. Aos conhecimentos dos quais acabei de falar, é preciso acrescentar aquele da *disciplina*. Possuir a arte de arrumar as tropas, não ignorar nenhuma lei de subordinação e fazê-las observar o rigor, ser instruído nos deveres particulares de cada oficial subalterno, saber conhecer os diferentes caminhos por onde podemos chegar a um mesmo termo, não desprezar detalhes de tudo que pode ser de serventia e se habituar a cada um em particular, tudo isso junto forma um corpo de disciplina cujo conhecimento prático não deve escapar da sagacidade ou das atenções de um general.

Vocês, que a escolha do rei os colocou na liderança dos exércitos, joguem os fundamentos de sua ciência militar sobre os cinco princípios que eu acabei de estabelecer. A vitória seguirá seus passos. Do contrário, se rejeitá-los ou omiti-los, por ignorância ou por presunção, só experimentarão as derrotas mais vergonhosas.

Com estes conhecimentos que acabo de indicar, você saberá quem, dentre os reis que governam o mundo[3], tem mais doutrina e virtudes[4]; conhecerá os grandes generais que podem se encontrar nos diferentes reinos. Se forem tempos de guerra, poderá conjectu-

---

3. Por reis que governam o mundo, o autor entende os vários príncipes que governavam a China na época.
4. As palavras que aqui escolhi traduzir por doutrina e virtudes também podem significar costumes, cultura, usos etc.

rar com bastante segurança qual rival poderá derrotá-lo, e se você tiver que entrar em ação, poderá razoavelmente sair vitorioso.

Com esses mesmos conhecimentos, não ignorará quando o Céu e a Terra estiverem em harmonia[5] para promover a saída das tropas. Planejará as rotas que devem tomar, e resolverá todos os seus passos. Você não começará nem terminará a campanha fora de época. Reconhecerá o forte e o fraco, tanto entre os seus, a quem confiará sua vida, como entre os inimigos que combaterá. Saberá em qual quantidade e em qual estado se encontrarão as munições de armas e os suprimentos dos dois exércitos. Distribuirá as recompensas generosamente, mas com escolha, e não negará punições quando forem necessárias.

Admiradores de sua virtude e sua boa conduta, os oficiais sob as suas ordens lhe obedecerão tanto por dever, quanto por prazer. Eles entrarão em todas as suas vistas e serão exemplo para seus subordinados. Os soldados simples contribuirão com todas as forças para lhe assegurar o sucesso mais glorioso. Será estimado, respeitado, querido por sua nação, e os povos vizinhos virão com prazer sob as bandeiras do rei a quem você serve, ou para viver sob suas leis, ou para simplesmente obter sua proteção[6].

É ainda com esses conhecimentos que está igualmente instruído no que pode ou não, e não fará nenhum empreitada sem conduzi-la a um final feliz. Você verá aquilo que está longe como se estivesse

---

5. Segundo os princípios da física chinesa, é a harmonia entre o céu e a terra que gera a beleza das estações e de outros fenômenos naturais. Por céu e terra, os chineses entendem também os dois princípios gerais yin e yang, ou, como já foi visto, a matéria em estado de receber todo o tipo de modificações pelo movimento que lhe é impresso pelo Tai-ki.

6. O autor fala pelos países e pelo tempo em que vivia. O império da China era então dividido em vários Estados, era raro que não houvesse guerras entre os governantes. Como os interesses eram diferentes, procuravam alcançá-los por meios próprios para o sucesso. Um dos mais seguros era atrair os vizinhos para o seu lado.

acontecendo diante de seus olhos, e o que está diante de seus olhos, como se se alargasse. Se houver dissensão entre seus inimigos, poderá usá-la habilmente para atrair os descontentes para o seu lado. As recompensas não serão menores que as promessas e as doações.

Se seus inimigos forem mais poderosos e mais fortes do que você, não os ataque diretamente, evite com cuidado entrar em choque. Deve esconder sempre com extrema atenção o estado em que se encontra. Haverá ocasiões em que você se retrairá e outras em que fingirá ter medo. Finja por vezes ser fraco para que seu inimigo, abrindo a porta da presunção e do orgulho, venha atacá-lo inadequadamente, ou se deixe surpreender e acabe destruído vergonhosamente. Faça com que os que são mais fracos do que você jamais consigam penetrar suas formações. Tenha as tropas sempre alertas, sempre em movimento na ocupação de impedir que elas não se deixem amolecer por um repouso vergonhoso. Você não sofrerá dissensões entre seu povo, não esquecerá nada para o manter em paz, harmonia e união, como se fossem todos um só, e a mesma família.

Enfim, sua sábia previsão o fará estimar até quando pode durar o consumo de alimentos e outros produtos de uso diário. Você estará sempre abundantemente provido de tudo, e após as mais gloriosas artimanhas, você retornará ao seio de sua família para usufruir tranquilamente do fruto de sua vitória enquanto é exaltado por seus concidadãos, que nunca cessarão os elogios, pois estarão em dívida com você por todas as vantagem de uma doce paz. Tais são em geral as reflexões que minha própria experiência me dita, e que eu comunico a vocês.

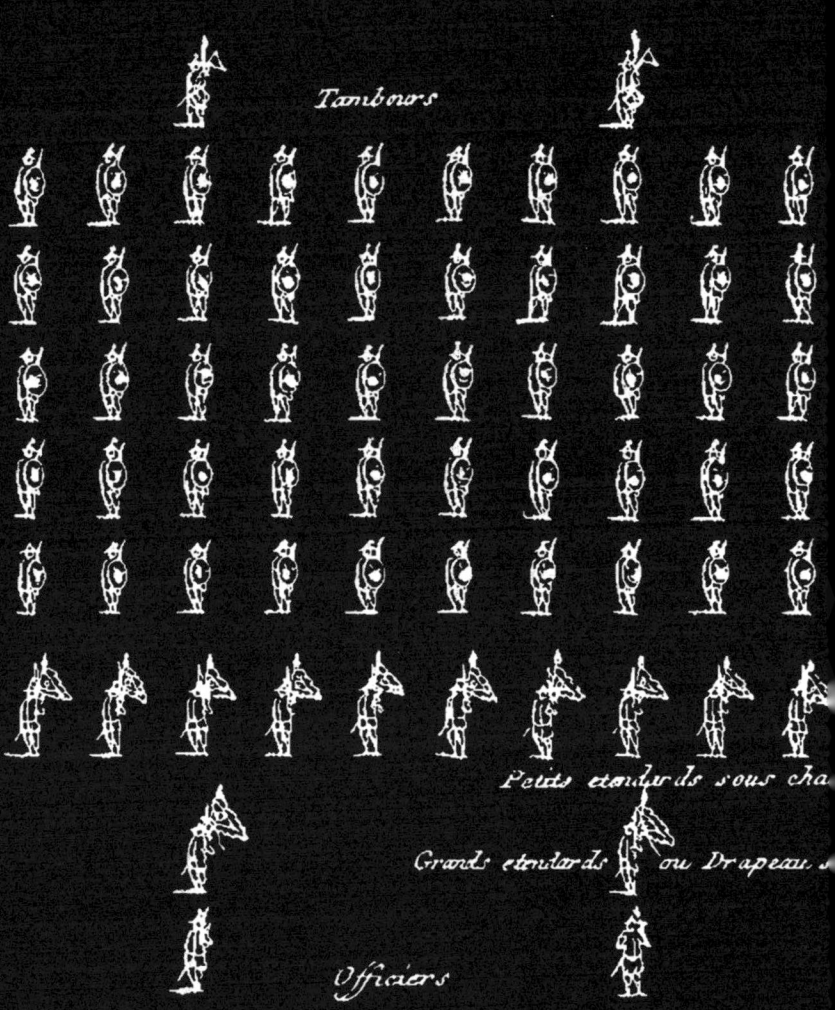

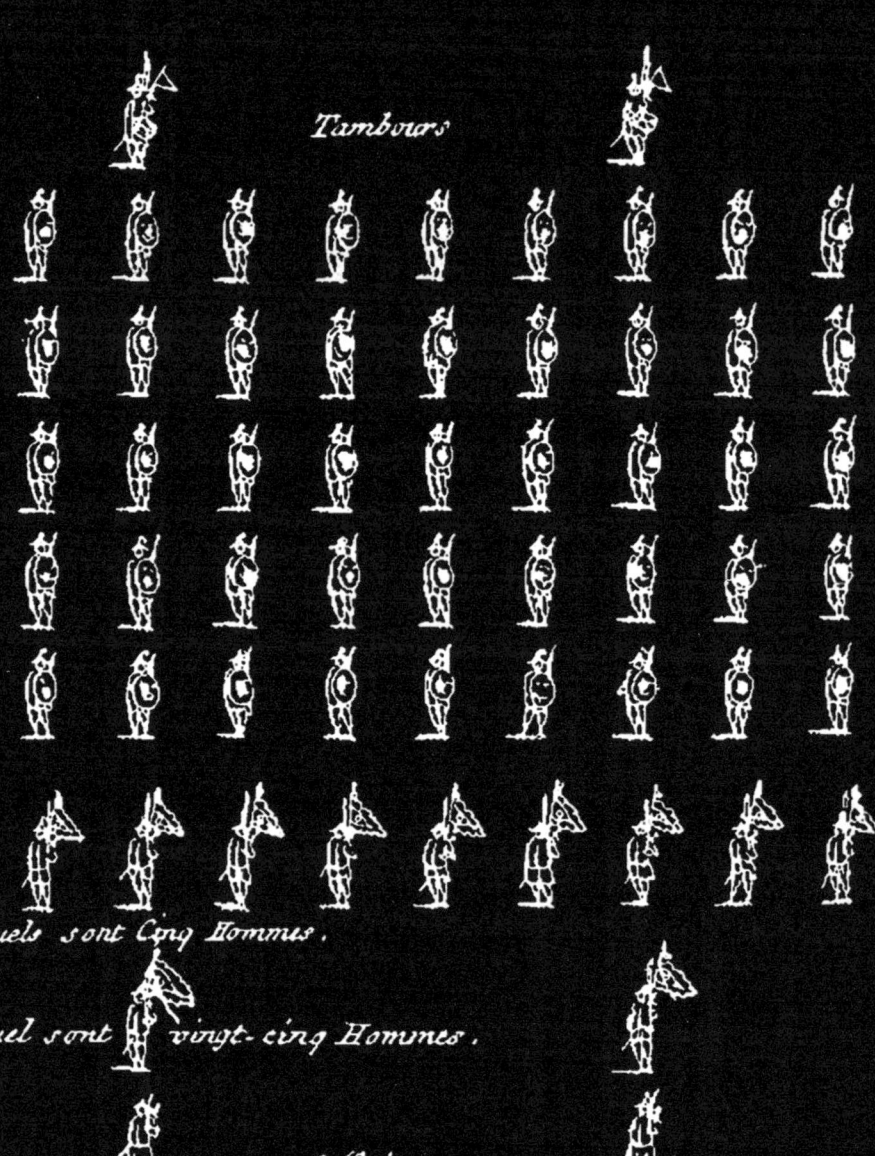

Capítulo II

Dos inícios da campanha

Sun Tzu
DISSE:

Suponho que você comece a campanha com um exército de 100 mil homens, que esteja suficientemente provido de munição, que tenha dois mil carros de guerra, dos quais mil são para a batalha e os outros unicamente para transporte[1]; que até 100 léguas de distância, terá provisões para a manutenção do exército[2]; que transporte com cuidado tudo que pode servir para o conserto de armas e carros; que os artesãos e outros que não são do corpo de soldados já o precederam ou andam separados seguindo você; que todas as coisas que podem servir para uso dos estrangeiros, como aquelas que são puramente para a guerra, estão sempre abrigadas das injúrias do ar e protegidas de acidentes infelizes. Suponho ainda que tenha mil onças de prata para distribuir às tropas[3] diariamente, e que a soma seja sempre paga a tempo e com a mais rigorosa exatidão.

1. Traduzindo o texto ao pé da letra, ficaria: Os carros para correr, mil; os carros cobertos de paz, mil.
2. Esta passagem também pode ser traduzida da seguinte maneira: Que tenha sempre mantimentos para poder consumir durante o trajeto de mil li, ou seja, cem léguas; pois dez li chineses são mais ou menos uma légua.
3. Na época e no país onde vivia o autor, mil onças de prata eram uma soma bem considerável. Pode ser que Sun Tzu só queria falar do pagamento dos soldados, e não compreende nestas mil onças de prata o salário dos oficiais, pois mil onças de prata para um exército de 100 mil homens aparenta ser será bem pouco. Pode ser também que as mil onças de prata que o autor exige são só além do pagamento usual. Essa última hipótese, que é a mais próxima do texto, tal como eu expliquei, não me parece muito bem fundada; como o Estado era sempre responsável pela manutenção de mulheres, filhos e de toda a família daqueles que iam para a guerra, não é provável que, além do pagamento normal de cada soldado, ele também fornecesse diárias tal como Sun Tzu exige.

Capítulo II | Dos inícios da campanha

Neste caso, pode ir direto ao inimigo. O atacar e conquistar serão para você a mesma coisa. Digo ainda: não atrase o combate, não espere que suas armas criem ferrugem, nem que suas espadas percam o fio. Se é uma questão de tomar uma cidade, não se demore a fazer um cerco. Torne todas as suas atenções a um lado, dirija-lhe todas as suas forças. Aqui é necessário ser rápido.

Se perder a oportunidade, suas tropas correm o risco de ficar muito tempo na campanha. Nesse caso, de quantos infortúnios não será você a fonte nefasta? Os cofres do rei a quem você serve se esvaziarão, suas armas perdidas pela ferrugem não poderão mais servi-lo, o ardor de seus soldados diminuirá, sua coragem e força desaparecerão, as provisões serão consumidas, e talvez, até você será reduzido às extremidades mais infortunas. Descobrindo o estado lamentável em que se encontra, seus inimigos sairão renovados, o atacarão e o farão em pedaços. Mesmo que até esse dia desfrutasse de uma grande reputação, não poderá mais se mostrar com honra. Em vão em outras ocasiões você mostrou brilhantemente o seu valor, toda glória que havia conquistado será apagada por este último acontecimento. Eu repito: não é possível manter as tropas por um longo tempo em campanha sem trazer um grande prejuízo ao Estado, sem gerar uma ferida mortal à sua própria reputação.

Aqueles que possuem os verdadeiros princípios da arte militar não voltam duas vezes. Desde a primeira campanha tudo está acabado; eles não consomem todas as provisões por três anos inutilmente. Encontram meios de subsistência das tropas em detrimento do inimigo, poupando ao Estado o imenso gasto que seria obrigado a fazer, já que é necessário transportar bem longe todas as provisões. Não ignoram, e você deve saber também, que nada desgasta tanto um reino como os gastos dessa natureza; pois se o exército está nas fronteiras, ou se está em países distantes, o povo sempre sofre; todas as coisas necessárias à vida ficam mais caras, se tornam raras, e mesmo os que mais desfrutam da tranquilidade em tempos de paz, logo não têm mais dinheiro para fazer suas compras. O rei se apressa para coletar os tributos de alimentos que cada família lhe deve[1]; a miséria se espalhando do seio das cidades para o campo, e das dez partes necessárias, são obrigados a cortar sete. Não depende do soberano, que sente sua parte dos infortúnios comuns. Suas couraças, seus capacetes, suas flechas, seus arcos, seus escudos, seus carros, suas lanças, seus dardos, tudo será destruído. Seus cavalos, ou mesmo os bois que aram as terras do domínio, definharão, e das dez partes do seu gasto normal, será obrigado a cortar seis. É para prevenir todos esses desastres que um general hábil não esquece nada para abreviar as campanhas, para poder viver às custas do inimigo, ou ao menos consumindo alimentos estrangeiros, custe o que custar.

Se o exército inimigo tiver uma medida de grãos em seu acampamento, tenha vinte no seu; se seu inimigo tem centro e vinte libras de ração para os cavalos, tenha 2.400 para os seus. Não deixe escapar nenhuma ocasião de incomodar, faça com que pereça em detalhes, encontre maneiras de irritá-lo para fazê-lo cair em armadilhas; diminua as forças de seu inimigo o máximo que puder, fazendo-lhe desviar, matando alguma parte de tempos em tempos, tirando dele seus comboios, equipamentos e outras coisas que podem ser úteis a você.

---

1. O mais antigo dos tributos que eram pagos na China era um décimo sobre a produção de todas as terras cultivadas. Pouco a pouco, os imperadores impuseram outros impostos sobre os metais, diferentes mercadorias, e sobre certos bens de consumo. Foram estabelecidos os impostos de importação de mercadorias vindas de diferentes províncias, similar aos sistemas europeus de tributos.

Capítulo II | Dos inícios da campanha

Quando seu pessoal tiver tirado de seu inimigo mais de dez carros, comece por recompensá-los generosamente, tanto aqueles que conduziram a empreitada, como aqueles que a executaram. Empregue estes carros da mesma maneira que usa os seus, mas antes é preciso suprimir as marcas distintas que podem ser encontradas[2]. Trate bem os prisioneiros, os alimente como seus próprios soldados. Faça com que, se for possível, eles se encontrem melhor com você do que estariam no próprio campo, ou mesmo no coração de sua pátria. Jamais os deixe ociosos, tire partido de seus serviços com desconfiança apropriada, e os trate como se fossem tropas que tivessem se voluntariado para seguir sob seu estandarte[3]. Se fizer exatamente o que acabo de indicar, o sucesso acompanhará todos os seus passos, em todo lugar será vitorioso, poupará a vida de seus soldados, devolverá a seu país suas antigas posses e ainda conquistará terras novas, aumentará o esplendor e a glória do Estado, e o rei e o povo estarão em dívida com você pela doce tranquilidade que vai se derramar sobre seus dias. Que objetivo poderia ser mais digno de sua atenção e seus esforços[4]!

---

2. É preciso suprimir as marcas distintas que podem ser encontradas. Essas marcas distintas consistem principalmente na cor usada para pintar a madeira dos carros e carroças, em certos caracteres que são gravados, e sobretudo em um pequeno estandarte quadrado, sobre o qual ficavam certas figuras que serviam como uma distinção de quinze em quinze homens, de dez em dez, etc. Havia até mesmo de cinco em cinco homens, mas essa e outras que eram menores tinham forma triangular. Ambos foram chamados pelo nome geral tou, que significa estandarte, pavilhão, bandeira, etc.

3. Era fácil empregar os prisioneiros como se fossem seus próprios soldados, pois aqueles contra quem se guerreava, pois as partes em guerra falavam a mesma língua, formavam entre elas uma mesma nação. Eram chineses que combatiam outros chineses. Aqui falo das guerras mais comuns.

4. Em todo seu tratado, Sun Tzu faz toda a felicidade e a glória de um reino depender da habilidade de um general de conduzir bem suas tropas. Esta máxima não fica restrita aos livros antigos. Hoje mesmo, ela ainda se encontra em vigor. Mas como todos os sucessos são atribuídos ao general, é também o general que é responsável por todos os infortúnios. Culpado ou não, que tenha sido ele o causador ou não, assim que falhar, ele deve perecer ou, pelo menos, ser castigado. Tal conduta parece contrária à razão, mas se nos aprofundarmos, veremos que não é assim para os povos que a aplicam. É dessa persuasão de que uma parte da boa ordem que reina o império chinês depende.

Aile gauche

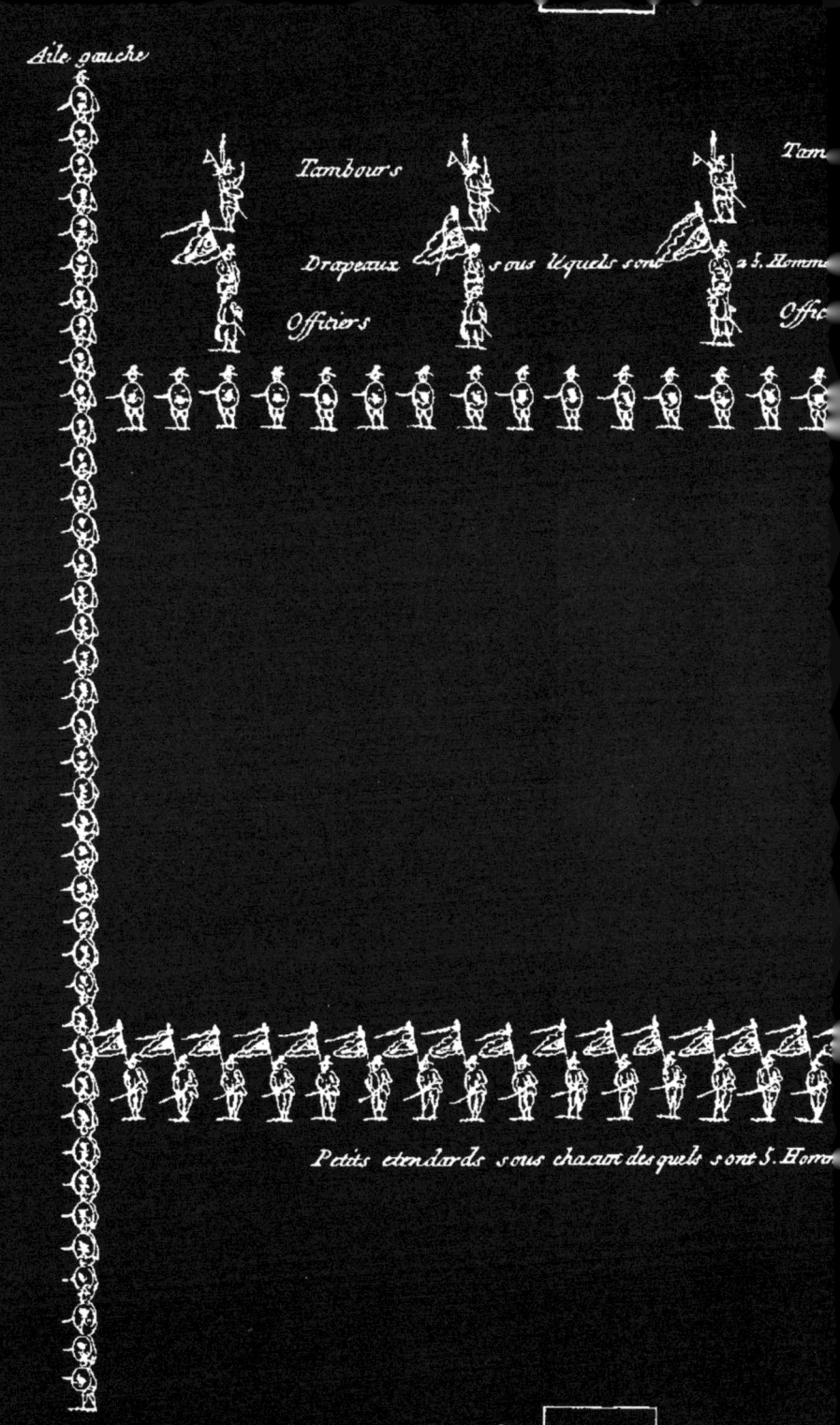

Tambours   Tam

Drapeaux sous lequels sont a 5. Homm

Officiers   Offic

Petits etendards sous chacun desquels sont 5. Hom

Tente du   Général

Aile droite

Tambours

...ux ...s ous lesquels sont 2 5. Hommes.

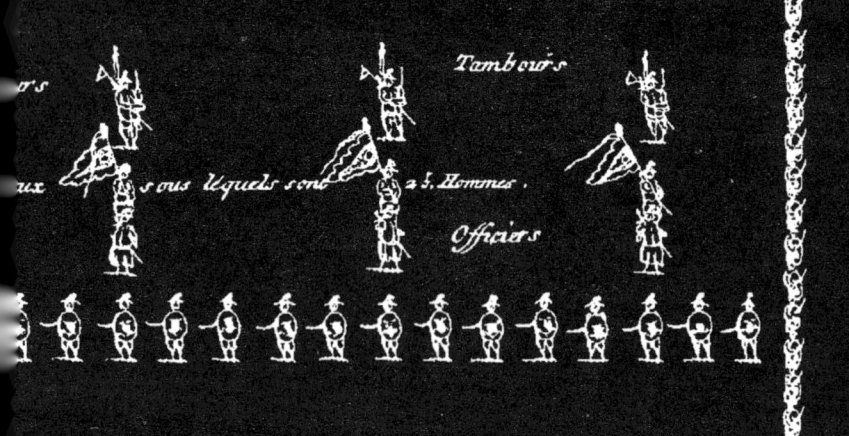

Officiers

etendards sous chacun desquels sont 5. Hommes.

Tente du Général

Capítulo III

Do que é preciso prever antes do combate

Sun Tzu
disse:

Veja algumas máximas que deve incorporar antes de querer tomar cidades ou ganhar batalhas.

Capítulo III | Do que é preciso prever antes do combate

Conservar as posses e todos os direitos do rei a quem você serve deve ser sua principal preocupação. Aumentá-los invadindo inimigos só deve ser feito se não houver alternativa. Defender a tranquilidade das cidades de seu país deve ser seu primeiro trabalho. Incomodar as cidades inimigas deve ser a pior solução.

Proteger as vilas amigas de todo insulto é o que precisa estar em seus pensamentos. Perturbar as vilas inimigas deve ser feito apenas quando for necessário.

Sua atenção também deve estar voltada para impedir que os vilarejos sofram qualquer mínimo dano, até mesmo as cabanas dos camponeses. Levar o caos para os vilarejos e cabanas de seus inimigos é algo que você fará apenas na falta de toda e qualquer opção[1].

Uma vez que essas máximas estejam gravadas em sua alma, você pode atacar as cidades ou começar batalhas, e estou certo do se sucesso. Digo ainda: se lutar cem batalhas, o resultado será cem vitórias. Contudo, não tente domar seus inimigos ao custo de combates e vitórias, pois este é um caso em que o que está acima do bom não é bom. Aqui, quanto mais se vai além do bom, mais próximo fica do pernicioso e do mau.

---

1. Um comentarista chinês deu um significado um pouco diferente ao começo deste capítulo. Embora a explicação dele esteja conforme a antiga moral chinesa, acredito que não deveria segui-la, pois não me parece traduzir a real intenção do autor, contradizendo até mesmo alguns de seus princípios. Veja a versão deste intérprete: "Conservar as posses dos inimigos é o que deve fazer em primeiro lugar, como o que é mais perfeito. Destruí-las deve ser efeito da necessidade. Garantir a paz e a tranquilidade dos kun, lu, tsou e ou de seus inimigos é para onde deve dirigir suas atenções. Os importunar é o que deve considerar indigno de você… Se um general age assim, sua conduta não difere da dos personagens mais virtuosos. Ela fica de acordo com o céu e a terra, cujas operações tendem mais à produção e à conservação do que à destruição… O céu não aprova jamais o derramamento de sangue humano: é ele que dá vida aos homens, e somente ele pode ser o mestre de tomá-la… Veja o verdadeiro significado das palavras de Sun Tzu".
O que eu chamei de cidades, vilas, vilarejos e cabanas são o que os chineses chamam de kiun (ou kun) lu, tsou e ou. Veja aqui a explicação literal de cada uma dessas palavras. Um kun é um lugar que contém 12.500 homens, um lu contém 500 famílias, um tsou contém cem habitantes, e um ou é a moradia de cinco famílias somente.

Sem batalhas, tente ser vitorioso. Este será o caso em que quanto mais for além do bom, mais se aproximará do incomparável e do excelente. Os grandes generais chegam a seu objetivo descobrindo todos os artifícios do inimigo, abortando todos os seus projetos, semeando a discórdia entre os seus, o mantendo sob suspense, impedindo a ajuda estrangeira que pode vir a seu auxílio, e privando-o de toda facilidade que pode ter para determinar a vantagem.

Se for forçado a atacar um lugar e destruí-lo, poupe seus carros[2], seus escudos, e todas as máquinas necessárias para montar o assalto, que tudo esteja em bom estado quando for hora de empregá-los. Garanta que a rendição do lugar não se prolongue além de três meses. Se esse tempo expirar e você ainda não tiver chegado a seu objetivo, certamente terá cometido algum erro. Não poupe esforços para repará-lo. Redobre seus esforços na cabeça de suas tropas, quando partir para o assalto imite a vigilância, a atividade, o ardor e a obstinação das formigas[3]. Suponho que já terá feito os abrigos e outras obras necessárias, que já terá elevado redutos[4] para descobrir o que se passa dentro do cerco e que terá evitado todos os inconvenientes

---

2. O autor fala aqui dos carros chamado lou. Este tipo de carro tinha quatro rodas, e podia conter confortavelmente uma dezena de pessoas. Eram cobertos de couro ou de pele de animais, e havia uma espécie de galeria ao redor, feita de grandes peças de madeira. Sobre a cobertura de couro havia terra para a segurança daqueles que ficavam dentro do carro, para impedir que fossem incomodados por tratos, pedras e outras coisas que os inimigos lançavam. Cada um desses carros era como se fosse uma pequena fortaleza, das quais atacavam e se defendiam. Eram sobretudo usados nos cercos, e nas batalhas a distância. Neste último caso, eram colocados no fim das tropas, e após uma derrota, os soldados se protegiam atrás dele e se defendiam como se estivessem em uma fortificação. Contanto que o conquistador não fosse mestre, ele não poderia se gabar de ter aniquilado o inimigo. Era no meio desses carros que eram colocados o que havia de mais precioso.

3. A comparação de um exército com formigas pode parecer fora de lugar para aqueles que nunca seguiram esses insetos de perto, mas nossos naturalistas sabem muito bem que a formiga talvez seja o animal que tem o combate mais feroz. Vemos que, divididos em dois, não se deixam tomar e até incitam o inimigo.

4. O que traduzi como redutos eram tipos de torres feitas de terra. Eram mais altas que as muralhas das cidades em cerco. Do alto dessas torres, ou ainda do alto desses terraços, tentavam descobrir as diferentes manobras do povo para a defesa da cidade cercada. O intérprete chinês as chamou de montanhas de terra.

que a prudência o tenha feito prever. Se com todas essas precauções acontecer a infelicidade de perder um terço de seus soldados, sem conseguir a vitória, esteja convencido de que não fez um bom ataque.

Um general hábil não se encontra jamais reduzido a tais extremos. Sem batalhas, ele sabe a arte de humilhar seus inimigos; sem derramar uma gota de sangue, sem mesmo desembainhar a espada, ele toma cidades; sem colocar os pés em reinos estrangeiros, ele encontra meios de conquistá-los; e sem perder um tempo considerável na cabeça de suas tropas, ele traz glória imortal ao rei que serve, garante a felicidade de seus compatriotas e faz com que o universo fique em dívida com ele pelo descanso e paz. Este é o objetivo que todos que comandam exércitos devem buscar incessantemente e sem jamais se desencorajar.

Há uma infinidade de situações diferentes nas quais você pode se encontrar em relação ao inimigo. Não é possível prever todas, é por isso que não entro em detalhes. Sua sabedoria e experiência o sugerem o que deverá fazer, à medida que as circunstâncias se apresentarem. Ainda assim, darei alguns conselhos gerais que poderá usar na ocasião.

Se suas tropas forem dez vezes mais numerosas que o inimigo, cerque-o por todos os lados, não deixe nenhuma passagem livre, faça de modo que não possa fugir para formar acampamento em outro lugar, nem receber assistência. Se suas tropas forem cinco vezes mais numerosas que a dele, disponha seu exército de modo que possa atacar pelos quatro lados ao mesmo tempo quando chegar a hora. Se o inimigo for metade das suas tropas, contente-se em dividir seu exército em dois[5]. Mas se os dois lados tiverem a mesma quantidade de soldados, tudo que pode fazer é depender do resultado do combate. Se, ao contrário, você for mais fraco do que ele, fique continuamente em guarda, o menor erro será de últimas consequências para você. Tente manter-se abrigado e evite ao máximo entrar em confronto direto. A prudência e o fechamento de um pequeno número de soldados pode cansar e subjugar mesmo um exército numeroso.

Aquele que comanda os exércitos pode se enxergar como o suporte do Estado, e ele o é. Se ele for assim como deve ser, o reino estará em prosperidade. Se, ao contrário, ele não tiver as qualidades necessárias para preencher dignamente o posto que ocupa, o reino sofrerá infalivelmente, e se encontrará talvez reduzido à beira da extinção. Um general só pode servir bem o Estado de uma maneira, mas pode trazer grande prejuízo de várias maneiras diferentes. São necessários muitos esforços e uma conduta acompanhada constantemente de bravura e prudência para alcançar o sucesso. Só é necessária uma falha para perder tudo. Entre os erros que pode cometer, quantos outros tipos também não existem? Se levantar as tropas fora de época, se as retirar antes da hora, se não tiver um conhecimento exato dos lugares por onde as deve conduzir, se as deixar fazer acampamentos desvantajosos, se as fatiga sem motivo, se as faz retornar sem necessidade, se ignorar a carência dos soldados, se não usa a ocupação passada de cada um a fim de aproveitar seus talentos, se não conhece os fracos e os fortes entre seus homens, se não puder

---

5. O número dez é o termo de comparação mais comum entre os chineses. Assim, em vez de traduzir como eu fiz: Se suas tropas forem dez vezes mais numerosas que o inimigo, etc, podemos dizer: Se estiver para o inimigo como dez está para um, como dez está para cinco, etc.

Capítulo III | Do que é preciso prever antes do combate

contar com sua fidelidade, se não observa a disciplina com todo rigor, se lhe falta o talento para governar bem, se é irresoluto e falha em tomar decisões rapidamente quando necessário, se não souber compensar os soldados quando tiverem sofrido, se permitir que sejam ofendidos sem razão por seus oficiais, se não souber impedir dissensões que podem surgir entre os chefes: um general que falhar de alguma dessas maneiras esgotará homens e alimentos do reino, desonrará sua pátria, e se tornará ele mesmo a vergonhosa vítima de sua incapacidade[6].

Para ser vitorioso, cinco aspectos principais são necessários a um general:

1º Saber quando é a hora de entrar em combate, e quando é conveniente se retirar.

2º Saber empregar o pouco e o muito segundo as circunstâncias.

3º Mostrar a mesma afeição aos simples soldados que pode ser observada aos principais oficiais.

---

[6]. Parece que o autor exige que o general seja muito detalhista, principalmente quando diz que ele deve saber o tipo de ocupação que todos que compõem o exército exercem antes de se alistarem, detalhe que não parece praticável ou mesmo possível. Podemos presumir que Sun Tzu não pretende que aquele que esteja à frente de um exército conheça por nome todos que o compõem, mas apenas exige que os conheça em geral por meio do ministério dos oficiais subalternos. Além disso, a palavra chinesa san-kun e a palavra manchu ilan-tchohai-kun, das quais são a tradução, podem dignificar igualmente três diferentes classes que compõem um exército, os seja, os oficiais gerais, os oficiais subalternos e os simples soldados. Então o autor exigiria do general somente um conhecimento exato das três ordens de seu exército, designados pelo termo san-kun, que significa os três kun. Um kun, ao pé da letra, é uma reunião de quatro mil homens. Assim, neste sentido, o exército do qual fala Sun Tzu seria composto de doze mil homens. Seria ainda mais frágil se um kun, como encontramos em alguns dicionários, fosse a reunião de 2.500 homens; seria um exército de 7500 homens somente, o que não é verossímil. Em geral, pelas palavras san-kun, nos livros antigos que tratam da guerra, entendemos um exército inteiro, de qualquer que seja o número que seja composto.

4º Aproveitar todas as circunstâncias previstas e imprevistas.

5º Garantir que não está sendo negado pelo soberano em nada que pode tentar por seu serviço e pela glória de seus exércitos.

Com isso, se juntar ao conhecimento que deve ter de si mesmo, de seus limites, e daqueles que estão sob suas ordens, poderá participar de cem guerras, e cem vezes será vitorioso. Se você só sabe quais são os seus limites e ignora quais os limites de seus homens, vencerá uma vez e uma vez será vencido. Mas se não tiver nem o conhecimento de si mesmo, nem daqueles que comanda, só conseguirá reunir derrotas.

Porte du

Tambours

Drapeaux sous le qu

Officiers

Petits étendards sous cha

Soldats montées sur le Bo

Tente du

Camp

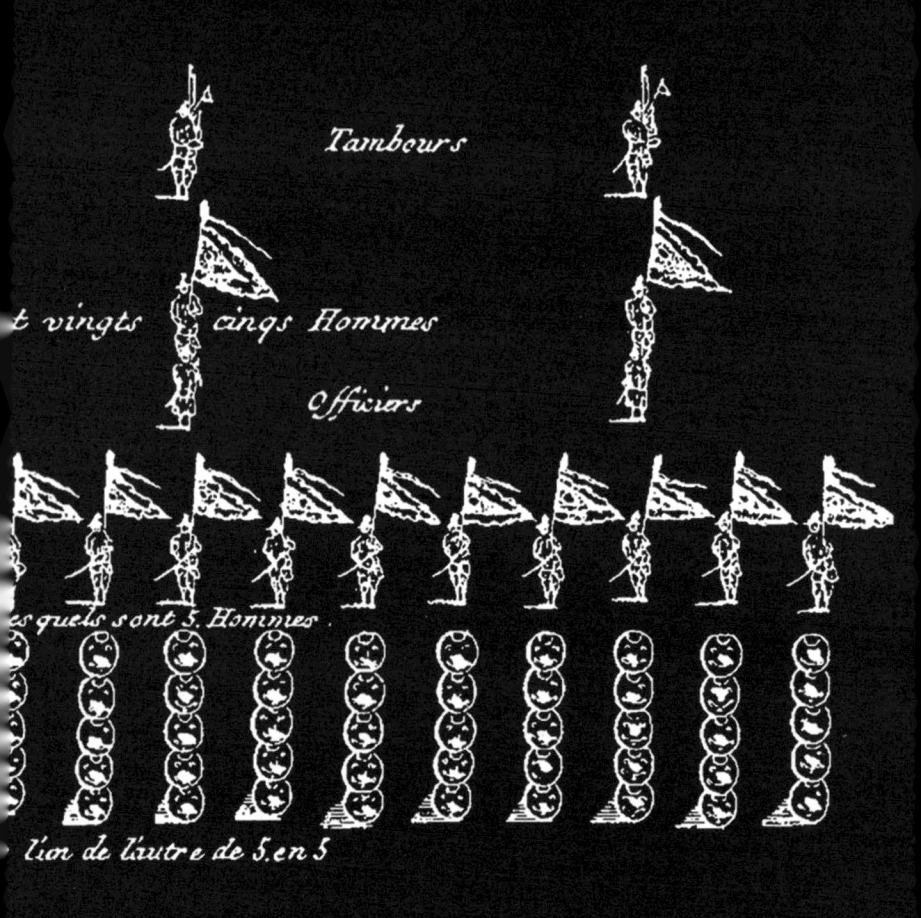

Tambours

t vingts cinqs Hommes

Officiers

es quels sont 5. Hommes

l'ion de l'autre de 5, en 5

Général

Capítulo IV

Da capacidade das tropas

Sun Tzu
DISSE:

Antigamente, aqueles que eram experientes na arte dos combates nunca entravam em guerras que previam que não conseguiriam terminar com honra. Antes de empreendê-las, tinham o sucesso como certo. Se a ocasião de partir contra o inimigo não era favorável, esperam um momento mais feliz. Tinham por princípio que só podiam ser derrotados por culpa própria, e que só eram vitoriosos pela culpa dos inimigos. Assim, os generais hábeis sabiam com antecipação o que deveriam temer ou o que tinham a esperar. Avançavam ou recuavam a campanha, iniciavam batalhas ou se retraíam, segundo os lampejos que tinham, tanto sobre o estado de suas tropas como sobre as tropas do inimigo. Se acreditassem serem mais fortes, não temiam o combate e atacavam primeiro. Por outro lado, se viam que eram mais frágeis, recuavam e ficavam na defensiva.

Capítulo IV | Da capacidade das tropas

A arte de se manter na defensiva não é incompatível com a de combater com sucesso. Aqueles que quiserem ter sucesso defensivo devem penetrar até o centro da terra. Aqueles, ao contrário, que querem brilhar ofensivamente, devem se elevar até o nono céu[1]. Sua própria conservação é o objetivo principal que devemos propor nos dois casos. Saiba a arte de vencer como aqueles que forneceram a mesma carreira com honra, isso é precisamente o que deve visar. Querer prevalecer sobre tudo e procurar refinar os assuntos militares é arriscar não se igualar aos grandes mestres, é se expor a ficar infinitamente abaixo deles, pois aqui o que está abaixo de bom não é bom. Conquistar vitórias por meios de combate foi sempre encarado pelo universo como uma coisa boa, mas ouso dizer-lhe que aqui o que está além do bom é com frequência pior do que o ruim.

Os quadrúpedes não precisam ter uma força extraordinária para, no fim do outono, renovar os pelos que seus corpos derrubam todo dia. Não é necessário ter olhos muito penetrantes para descobrir os astros que nos iluminam. Não é necessário ter um ouvido muito delicado para ouvir o trovão quando ruge com ardor. Não há nada mais natural, sábio e simples do que isso. Os guerreiros habilidosos não encontram mais dificuldades nas batalhas. Eles planejaram tudo, afastaram todos os inconvenientes, sabem a situação dos inimigos, conhecem suas forças e não ignoram o que podem fazer e até onde podem ir. A vitória é uma consequência natural de seu saber e sua boa conduta.

---

1. O comentarista chinês explica essa última frase da seguinte maneira: "Para se defender contra o inimigo, é preciso ficar escondido nos seios da terra, como essas veias de água cuja origem desconhecemos, cujo caminho não conseguimos encontrar. É assim que esconderá todos os seus passos, que será impenetrável... Aquele que luta deve se elevar até o nono céu, ou seja, deve lutar de tal maneira que o universo inteiro ressoe o ruído de sua glória, e que suas belas ações sejam aprovadas pelo próprio céu". O texto traduzido ao pé da letra diz: "Aqueles que querem vencer os primeiros devem se esconder até a nona terra..." Alguns autores chineses concebem a terra composta de nove camadas ou círculos concêntricos, como concebem os céus divididos em nove esferas, que são cada uma um céu.

Tais eram nossos antepassados. Nada era mais fácil para eles do que a conquista, então não acreditavam que títulos vãos de valentes, heróis, invencíveis, fossem elogios que merecessem. Atribuíam seus sucessos apenas ao extremo cuidado que tinham de evitar até o menor dos erros.

Antes de ir à batalha, tentavam humilhar seus inimigos, os mortificavam, os cansavam de mil maneiras. Seus próprios acampamentos eram lugares sempre abrigados de todo insulto, sempre protegidos de qualquer surpresa, sempre impenetráveis. Estes generais acreditavam que, para vencer era necessário que as tropas pedissem pelo combate com ardor, e estavam convencidos de que quando as mesmas tropas procuravam a vitória avidamente, normalmente eram derrotadas[2]. Assim, em um tom confiante, ousavam prever triunfos ou derrotas antes mesmo de dar qualquer passo para garantir um ou se preservar do outro. Você que está no topo dos exércitos, não esqueça nada para se tornar digno do cargo que exerce. Dê uma olhada nas medidas que contêm as quantidades e nas que determinam as dimensões, relembre as regras de cálculo, considere os efeitos da balança, examine o que é a vitória, faça todas essas reflexões profundas e terá tudo que precisa para jamais ser derrotado por seus inimigos. As considerações sobre as diferentes medidas o conduzirão ao conhecimento do que a terra pode oferecer de útil a você. Saberá o que ela produz, aproveitará sempre seus dons. Não ignorará os diferentes caminhos que terá de tomar chegar seguramente ao fim que se propôs.

---

2. Segundo o comentarista, Sun Tzu não queria nas tropas uma confiança cega, uma confiança que se degenera em presunção. Ele afirma que as tropas que exigem vitória são tropas ou amaciadas pela preguiça, ou tímidas, ou presunçosas. As tropas que, ao contrário, sem pensar na vitória exigem o combate são, segundo ele, tropas endurecidas pelo trabalho, tropas realmente veteranas, tropas com a certeza da vitória.

Capítulo IV | Da capacidade das tropas

Pelas regras de cálculo, aprenderá a distribuir, sempre apropriadamente, as munições, sem jamais dar em excesso ou menos do que necessário.

A balança fará nascer em você o amor pela justiça e pela igualdade. As recompensas e os castigos sempre seguirão a exigência dos casos.

Enfim, se você lembrar das vitórias que foram conquistadas em diferentes épocas e todas as circunstâncias que as acompanharam, não ignorará os diversos usos que foram feitos delas e saberá quais são as vantagens que elas adquiriram, ou quais prejuízos trouxeram aos próprios vencedores.

Vinte onças não farão jamais equilíbrio com doze grãos[3]. Se esses dois pesos forem colocados separadamente em dois pratos da mesma balança, as onças elevarão os grãos, quase sem obstáculos da parte deles. Seja para seus inimigos o que as onças são para os grãos. Após uma primeira vantagem, não vá dormir e nem queira dar a suas tropas um repouso fora de época. Empurre seu ponto com a mesma rapidez com que uma correnteza que se precipita de mil toesas[4] de altura[5]. Que seu inimigo não tenha tempo para se reconhecer. Não pense em recolher os frutos de sua vitória sem que a completa derrota de se inimigo o permita fazê-lo com calma e tranquilidade.

---

3. No original: Um y supera um tchou... Um y é uma medida que contém vinte onças chinesas. Um tchou é a décima segunda parte de um centésimo de onça. Já expliquei anteriormente o que era uma onça chinesa.

4. Nota da tradutora: a toesa é uma antiga unidade de medida de comprimento originária da França pré-revolucionária. Equivalia a seis pés e aproximadamente um metro e oitenta e dois centímetros.

5. No original: Que se precipita de uma altura de mil jin ou jen. Um jen é a medida de oito pés chineses. O pé chinês moderno habitual é muito próximo do pé francês, como 264 está para 266. O pé chinês antigo está para o pé chinês moderno como 236 está para 264. Essa avaliação, que é inútil aqui, pode talvez ter sua utilidade a seguir.

Porte du

Tambours

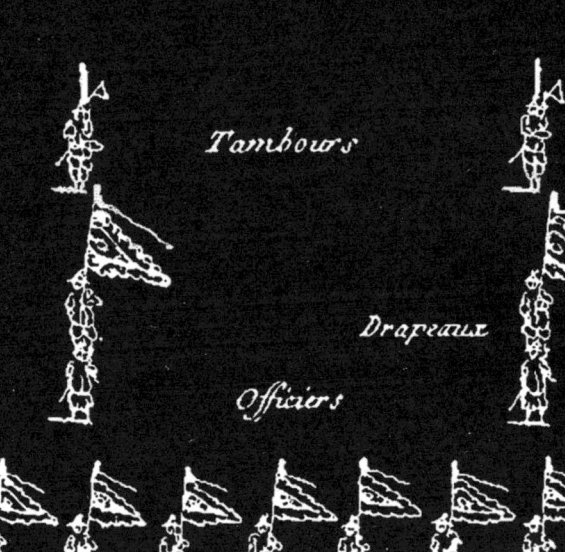

Drapeaux   sous lequels s

Officiers

Petits étendards sous chacu

Soldats formant de 5. en 5. 10

Tente du

Camp

Tambours

sont vingts   cinqs Hommes

Officiers

ou des quels sont 5 Hommes

ne especes de Fleurs

Général

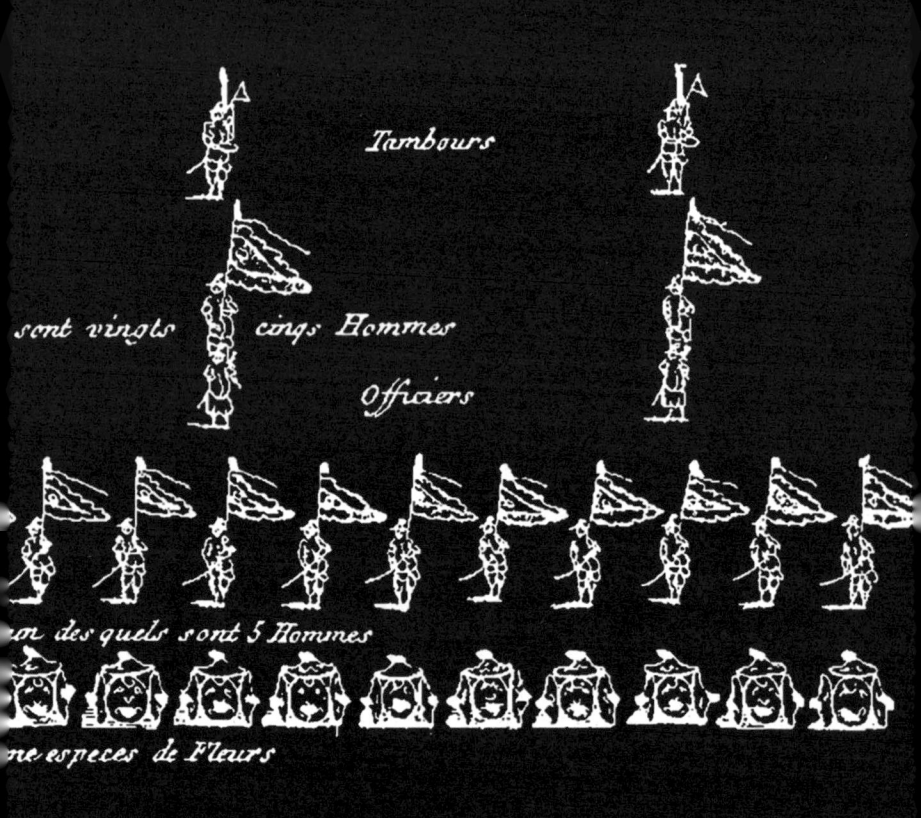

Capítulo V

Da habilidade para gerenciar as tropas

Sun Tzu
DISSE:

Pegue os nomes de todos os oficiais, tanto generais como subalternos, escreva-os em um catálogo à parte, com uma nota sobre os talentos e capacidades de cada um, a fim de poder os empregar com vantagem caso a ocasião se apresente, assim todos os seus comandados serão persuadidos de que sua principal preocupação é preservá-los de qualquer perigo.

Capítulo V | Da habilidade para gerenciar as tropas

As tropas que forem avançar contra o inimigo devem ser como as pedras que lançaria contra ovos. De você ao inimigo só deve haver a diferença entre forte e fraco, entre o vazio e o cheio. Ataque descoberto, mas seja derrotado em segredo. Em poucas palavras, esta é a habilidade e toda a perfeição do gerenciamento de tropas. Os dias longos e as trevas, o aparente e o secreto: aqui está toda a arte. Aqueles que a possuem são comparáveis ao Céu e à Terra, cujas operações sempre têm efeito; são parecidos com rios e mares, cujas águas jamais secam. Se fossem atirados à escuridão da morte, poderiam retornar à vida, como o sol e a lua, eles têm o tempo em que é necessário se revelar, e aquele em que é necessário desaparecer. Como as quatro estações, eles têm as variedades que lhes convêm, como as cinco notas musicais, como as cinco cores, como os cinco gostos, podem seguir até o infinito. Pois quem já ouviu todas as melodias que podem resultar das diferentes combinações de notas musicais? Quem já viu tudo que pode surgir das diferentes nuances de cores? Quem já saboreou tudo que os diferentes gostos e temperos podem oferecer de agradável ou picante[1]? Entretanto, só existem cinco cores e cinco tipos de gostos.

Na arte militar e na boa gestão das tropas, só há, em geral, dois tipos de coisas: aquelas que são feitas em segredo e aquelas que são feitas abertamente. Mas na prática é uma cadeia de operações cujo término não conhecemos, é como uma roda em movimento que não tem início nem fim.

---

1. Os antigos chineses contavam apenas cinco notas naturais, que designavam pelos nomes koung, chang, kio, tché e yu. Admitiam cinco cores primárias, que eram amarelo, vermelho, verde, branco e preto. Conheciam apenas cinco tipos de gostos fundamentais que abrangeriam todos os outros. Os cinco gostos eram o doce, o azedo, o salgado, o amargo e o picante. A palavra que aqui traduzo como picante é soan, que significa alho, ou alguma outra coisa similar de gosto aproximado.

Na arte militar, cada operação particular tem partes que pedem o dia claro e as partes que querem as trevas do segredo. Não é possível atribuí-las por vontade própria, somente as circunstâncias podem as revelar e determinar. Usamos grandes blocos de rochas para conter camas de águas rápidas, e usamos redes finas e delicadas para capturar passarinhos. Porém, as águas podem quebrar as barragens depois de miná-las pouco a pouco, e os pássaros quebram as correntes que os prendem se debatendo. Não importa quão boas ou quão sábias podem ser as precauções a tomar, não cesse nem por um momento de ficar em guarda, cuide de tudo, pense em tudo: que um segurança presunçosa nunca se aproxime de você ou de seu acampamento.

Possuem verdadeiramente a arte de gerenciar bem as tropas aqueles que têm sabido e que sabem fazer a sua potência ser formidável; que têm adquirido uma autoridade ilimitada; que não se deixam abater por nenhum evento, por mais desagradável que seja; que não fazem nada precipitadamente; que se conduzem, mesmo quando são surpreendidos, com o sangue frio que normalmente têm nas ações bem pensadas e nos casos previstos com bastante antecedência; que agem sempre em tudo o que fazem com aquela prontidão que é quase toda fruto da habilidade combinada a uma grande experiência. A força desse tipo de guerreiro é como aquela dos grandes arcos que não podem ser curvados sem a ajuda de uma máquina. Sua autoridade tem o efeito das terríveis armas que lançamos com os arcos assim curvados[2], tudo se quebra sob seus golpes, tudo se revira. Tal como uma esfera que apresenta uma igualdade

---

2. O tipo de arco do qual fala era sustentado por uma máquina. Havia aqueles que apenas um homem conseguia dobrar com as duas mãos, eram os menores. Havia também os que vários homens de cada vez empregavam suas forças. Com o arco eram lançados diferentes tipos de armas, como lanças, dardos, projéteis, pedras, e outras coisas parecidas. Ainda são empregados hoje em algumas campanhas contra tigres. Os que eu vi não pareciam diferir das nossas bestas, quanto a sua forma.

perfeita entre todos os pontos da superfície, eles são igualmente fortes em tudo: por todo lado sua resistência é a mesma. No auge do combate corpo a corpo e de uma desordem aparente, eles sabem guardar uma ordem que ninguém consegue interromper, fazem nascer a força do seio da fraqueza, sabem tirar a coragem e o valor do meio da covardia. Mas saber guardar uma ordem maravilhosa em meio da desordem não é possível sem, anteriormente, fazer profundas reflexões sobre todos os eventos que podem ocorrer. Fazer nascer a força do seio da fraqueza pertence apenas àqueles que têm poder absoluto[3] e autoridade sem fronteiras. Saber tirar a coragem e o valor do meio da covardia é ser você mesmo um herói, ser mais que herói, é estar acima dos mais intrépidos.

Por maior ou mais maravilhoso que tudo isso possa parecer, exijo algo mais daqueles que gerenciam as tropas, que é a arte de fazer o inimigo se mover de acordo com sua vontade. Aqueles que possuem essa arte admirável dispõem da capacidade de seu povo e do exército que comandam, de sorte que fazem vir o inimigo sempre que julgarem apropriado. Sabem dar generosamente quando convém, e fazem isso até para aqueles que querem derrotar. Eles dão ao inimigo e o inimigo recebe, eles o abandonam e o inimigo perde. Estão prontos para tudo, lucram com todas as circunstâncias, não dependem completamente daqueles que empregam como não escolheriam outros para serem seus supervisores, não contam tanto com as próprias forças como usam outros meios que creem poder ser úteis, veem os homens contra os quais devem combater como pedras ou pedaços

---

3. Com a palavra "poder" não se deve entender aqui dominação, mas a faculdade que pode reduzir em ação o que alguém se propõe. Na ideia de Sun Tzu, um general deve ter essa faculdade para poder executar tudo aquilo que considera vantajoso para ele.

de madeira que seriam encarregados de rolar do alto para baixo. A pedra e a madeira não se movem por natureza própria; se estão em repouso, não saem dele por iniciativa própria, mas seguem o movimento que neles é impresso. Se forem quadrados, param rápido; se forem redondos, rolam até encontrar uma resistência mais forte do que a força que lhes foi aplicada.

Você que comanda os exércitos, faça de modo que o inimigo fique entre suas mãos como uma pedra redonda que você faria rolar de uma montanha de mil toesas de altura. É assim que reconhecerão que você tem o poder e autoridade, e que é verdadeiramente digno do posto que ocupa.

Porte du

Drapeaux sous

Officier Tambour Officier Tamb

Petits étendards sous chaq

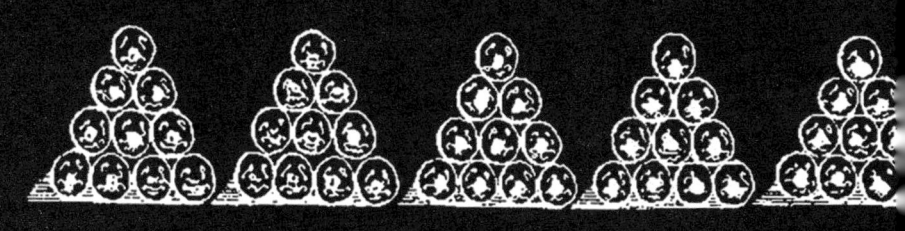

Soldats réunis de 10 en

Tente du

☐ Camp

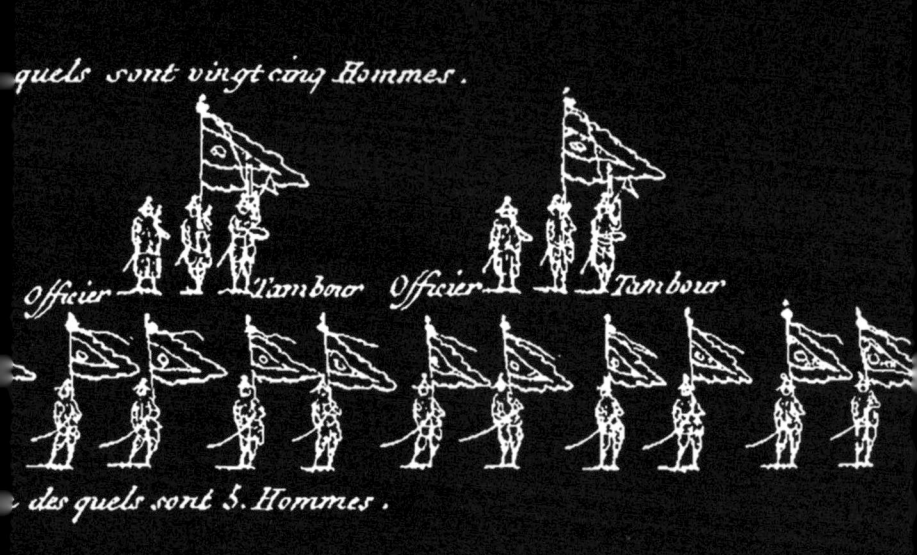

quels sont vingt cinq Hommes.

Officier   Tambour   Officier   Tambour

des quels sont 5. Hommes.

cachées sous leurs Boucliers.

☐ Général.

Capítulo VI
Do cheio e do vazio[1]

---

1. Não consigo ver como o título deste capítulo descreve seu conteúdo. O manuscrito manchu que tenho em mãos o intitula da seguinte maneira: Capítulo sexto. *Dos verdadeiros estratagemas*. Os outros comentaristas não são mais claros.

Sun Tzu
disse:

Uma das coisas mais essenciais que deverá fazer antes do combate é escolher bem o lugar de seu acampamento. Para isso é necessário usar de diligência, não deve se deixar surpreender pelo inimigo. É necessário estar acampado antes que ele tenha tempo de reconhecê-lo, antes mesmo que possa tomar conhecimento de sua marcha. A menor negligência desse tipo pode lhe causar as últimas consequências. Em geral, só há desvantagens em acampar depois dos outros.

Capítulo VI | Do cheio e do vazio

Aquele que é responsável por conduzir um exército não deve confiar nos outros para uma escolha de tamanha importância, deve fazer mais ainda. Se ele é realmente hábil, poderá dispor à vontade do próprio acampamento e de todas as marchas de seu inimigo. Um grande general não espera que o façam ir, ele deve saber fazer com que venham até ele. Se fizer de modo que o inimigo se encontre voluntariamente nos lugares onde você quer que ele vá, faça de modo que também elimine para ele todas as dificuldades. Tire todos os obstáculos que ele puder encontrar, pois se quiser atraí-lo para lugares que sejam impossíveis de chegar, inseguros ou onde os inconvenientes são muito evidentes, você não terá sucesso, por seu trabalho por suas penas, talvez ainda por alguma coisa a mais. A grande ciência é fazer o inimigo querer tudo que você deseja que ele faça e fornecer a ele, sem que ele perceba, todos os meios de te ajudar.

Após escolher o lugar de seu acampamento e o de seu inimigo, espere tranquilamente que seu adversário faça os primeiros movimentos, mas, enquanto espera, tente fazer com que passe fome em meio à abundância, lhe dar preocupações no seio do repouso, e lhe suscitar mil terrores durante sua maior segurança. Se, depois de ter esperado por muito tempo, não ver o inimigo disposto a sair de seu acampamento, saia você mesmo do seu. Se ele não quiser se movimentar, movimente-se você mesmo, dê a ele alarmes frequentes, faça com que nasça nele a ocasião de fazer qualquer imprudência da qual você possa tirar proveito.

Se for uma questão de fazer guarda, faça-a com força: não adormeça. Se for uma questão de ir, vá prontamente, vá seguramente pelos caminhos que são conhecidos apenas por você. Vá por lugares que o inimigo não poderia suspeitar que você tivesse o desejo de ir. Saia de repente de onde ele não espera e caia sobre ele quando ele menos espera.

Se depois de ter marchado por um bom tempo, se pela sua marcha e contramarcha já tiver percorrido o espaço de mil li[2] sem que tenha recebido um único dano, sem mesmo que tenham lhe parado, conclua ou que o inimigo ignora seus desenhos, ou que tem medo de você, ou que não sabe guardar os postos que podem ser de consequência para ele. Evite cair em defeitos similares.

A grande arte de um general é fazer de modo que o inimigo sempre ignore o lugar onde irá lutar, e com cuidado o roubar do conhecimento de quais postos terá que defender. Se tiver sucesso e conseguir esconder até mesmo o último de seus passos, não é apenas um general hábil, é um homem extraordinário, um prodígio[3]. Sem ser visto, ele vê; ouve sem ser ouvido; age sem barulho e dispõe como quer o destino de seus inimigos.

Além disso, diante dos exércitos, não perceber que exista um vácuo que possa favorecê-lo, não tente penetrar os batalhões inimigos. Se, quando eles fugirem ou baterem em retirada, usarem extrema diligência e marcharem em boa ordem, não tente segui-los, ou se segui-los, que não seja nem até muito longe ou em país desconhecido. Se quando desejar lutar, os inimigos continuarem em seus abrigos, não vá atacá-los, principalmente se tiverem boas defesas, se tiverem

---

2. Como expliquei anteriormente, um *li* chinês era a décima parte de uma légua.
3. O comentarista manchu diz: *É um homem extraordinário, da mesma natureza dos espíritos que veem sem ser vistos, ouvem, etc.*

fossas largas e muralhas elevadas como cobertura. Se, ao contrário, acreditando que não é apropriado lutar, quiser evitar o combate, fique em seus limites, tenha suporte para a defesa e faça algumas saídas úteis. Faça com que o inimigo se canse, espere até que fiquem ou em desordem ou com uma grande impressão de segurança para então sair e destruí-los com sua vantagem. Tenha constantemente extrema atenção para jamais separar os diferentes corpos de seu exército. Faça com que possam sempre sabiamente apoiar uns aos outros, e, ao contrário, faça com que o inimigo se divida o máximo possível. Se ele se separar em dez corpos, ataque cada um deles separadamente com seu exército inteiro, pois este é o verdadeiro jeito de se lutar sempre com vantagem. Dessa forma, mesmo que seu exército seja pequeno, a vantagem numérica estará sempre do seu lado. Ora, se todas as coisas forem iguais, a vitória é declarada comumente para o maior número.

Que o inimigo não saiba jamais como você tem a intenção de combater, nem a maneira que você se preparar para atacar ou se defender. Se ele ignorar completamente, fará grandes preparativos, tentará se fortalecer por todos os lados, dividirá suas forças, e é justamente essa que será sua perdição.

Do seu lado, não faça o mesmo. Que suas principais forças estejam todas do mesmo lado. Se quiser atacar de frente, coloque todas na frente de suas tropas, tudo o que tiver de melhor. É raro se resistir a um primeiro esforço, como o contrário é difícil se levantar quando se começa por baixo. O exemplo dos bravos é o suficiente para encorajar os mais covardes. Estes sabem seguir sem dificuldade o caminho que lhes for mostrado, mas não sabem eles mesmos o abrir.

Se quiser que sigam à esquerda, vire todos os seus preparativos para aquele lado, coloque à direita o que tiver de mais fraco. Mas se quiser vencer pela direita, que estejam também à direita suas melhores tropas e toda a sua atenção.

Isso não é tudo: como é essencial que conheça a fundo o lugar onde deve combater, não é menos importante que seja instruído sobre o dia, a hora e mesmo o momento do combate. É uma questão de cálculo que não deve negligenciar. Se o inimigo estiver longe de você, saiba dia por dia o caminho que ele fará, siga passo a passo embora, aparentemente, continue imóvel em seu acampamento. Veja tudo o que ele faz, mesmo que seus olhos não possam ir com ele. Ouça todos os discursos, mesmo que esteja fora do alcance de sua voz. Testemunhe toda a sua conduta, entre nas profundezas de sua alma para ler seus medos e suas esperanças.

Plenamente instruído de todos os seus desenhos, de todas as suas marchas, de todos os seus atos, você o fará chegar cada dia onde você quer que ele chegue. Neste caso, você o obrigará a acampar de maneira que a frente de seu exército não possa receber ajuda daqueles que estão no fim, que a ala direita não possa ajudar a ala esquerda, e você o combaterá assim no lugar e no tempo que mais lhe convém.

Antes do dia determinado para a batalha, não fique nem muito longe, nem muito perto do inimigo. O espaço de somente alguns *li* é o máximo que deve se aproximar; dez *li* inteiros são o máximo de espaço que deve deixar entre o exército inimigo e o seu.

Capítulo VI | Do cheio e do vazio

Não busque ter um exército muito numeroso, uma quantidade muito grande costuma ser mais prejudicial do que útil. Um exército pequeno bem disciplinado é invencível sob um bom general. A que serviram ao rei de Yue os belos e numerosos soldados que tinha a seu dispor quando esteve em guerra contra o rei de Wu[4]? Aquele com menos tropas, com um punhado de gente, o conquistou e deixou de suas posses apenas uma lembrança amarga e a vergonha eterna de tê-las governado mal.

Porém, se tiver apenas um pequeno exército, não tente medir forças com um exército grande, existem muitas precauções a se tomar antes de chegar a esse ponto. Quando se tem os conhecimentos dos quais falei anteriormente, sabem se podemos atacar ou se devem ficar na defensiva; sabem quando é necessário ficar parado tranquilamente e quando é hora de estar em movimento; e se forem forçados a lutar, sabem se serão os vencedores ou os vencidos: vendo simplesmente a capacidade dos inimigos, podem concluir a vitória ou a derrota, a perda ou a salvação. Mais uma vez você vai querer atacar primeiro, mas não o faça antes de examinar se tem tudo o que precisa para ter sucesso.

Levantando seus estandartes, leia nos primeiros olhares de seus soldados: esteja atento às suas primeiras ações; e por seu ardor ou indiferença, por seu medo ou intrepidez, conclua um bom ou mau sucesso. O primeiro semblante de um exército prestes a entrar em batalha não é um presságio enganador. Alguém com várias vitórias em seu histórico poderia ser derrotado se a batalha tivesse ocorrido um dia antes, ou algumas horas depois.

---

4. O reino de Yue ficava em Tche-Kiang, próximo de Caho-king-fou. O reino de Wu ficava em Kiang-nan.

As tropas devem ser como água corrente. Se a fonte é elevada, o rio ou riacho corre rapidamente. Se a fonte é nivelada, mal se pode notar o movimento. Se há um vazio, a água o preenche assim que encontra uma saída que a favoreça. Se estiver muito cheio, a água procura naturalmente descarregar em outro lugar.

Você, se percorrendo as filas de seu exército encontrar um vazio, é preciso preenchê-lo, se encontrar o superabundante, é preciso diminuí-lo. Se vir que está muito alto, abaixe-o, se estiver muito baixo, eleve-o. A água em seu curso sabe a situação do terreno no qual ela corre. Da mesma forma, que seu exército seja organizado conforme o lugar que ele ocupa. A água que não tem inclinação não consegue correr, as tropas que não são bem conduzidas não conseguem vencer. É o general que decide tudo: se ele é hábil, vai se aproveitar até das circunstâncias mais críticas e perigosas. Saberá fazer com que tomem a forma que quiser, não só o exército que comanda, mas também o do inimigo. As tropas, quaisquer que sejam, não têm qualidades constantes que as fazem invencíveis. Os piores soldados podem mudar para melhor e se tornar, pouco a pouco, excelentes guerreiros. Conduza-se conforme este princípio, não deixe escapar nenhuma ocasião quando achar favorável. Os cinco elementos[5] não se encontram e nem são sempre igualmente puros, as quatro estações não se sucedem da mesma maneira todo ano, o nascer e pôr do sol não são constantemente no mesmo ponto do horizonte, a lua não é sempre igualmente brilhante. Um exército bem conduzido e bem disciplinado imita todas essas variedades.

---

5. Já expus anteriormente que os chineses consideram cinco elementos, ou causas primitivas, na natureza, dos quais todas as coisas participam mais ou menos. Os cinco elementos são a terra, a madeira, a água, o fogo e o metal.

Tambours

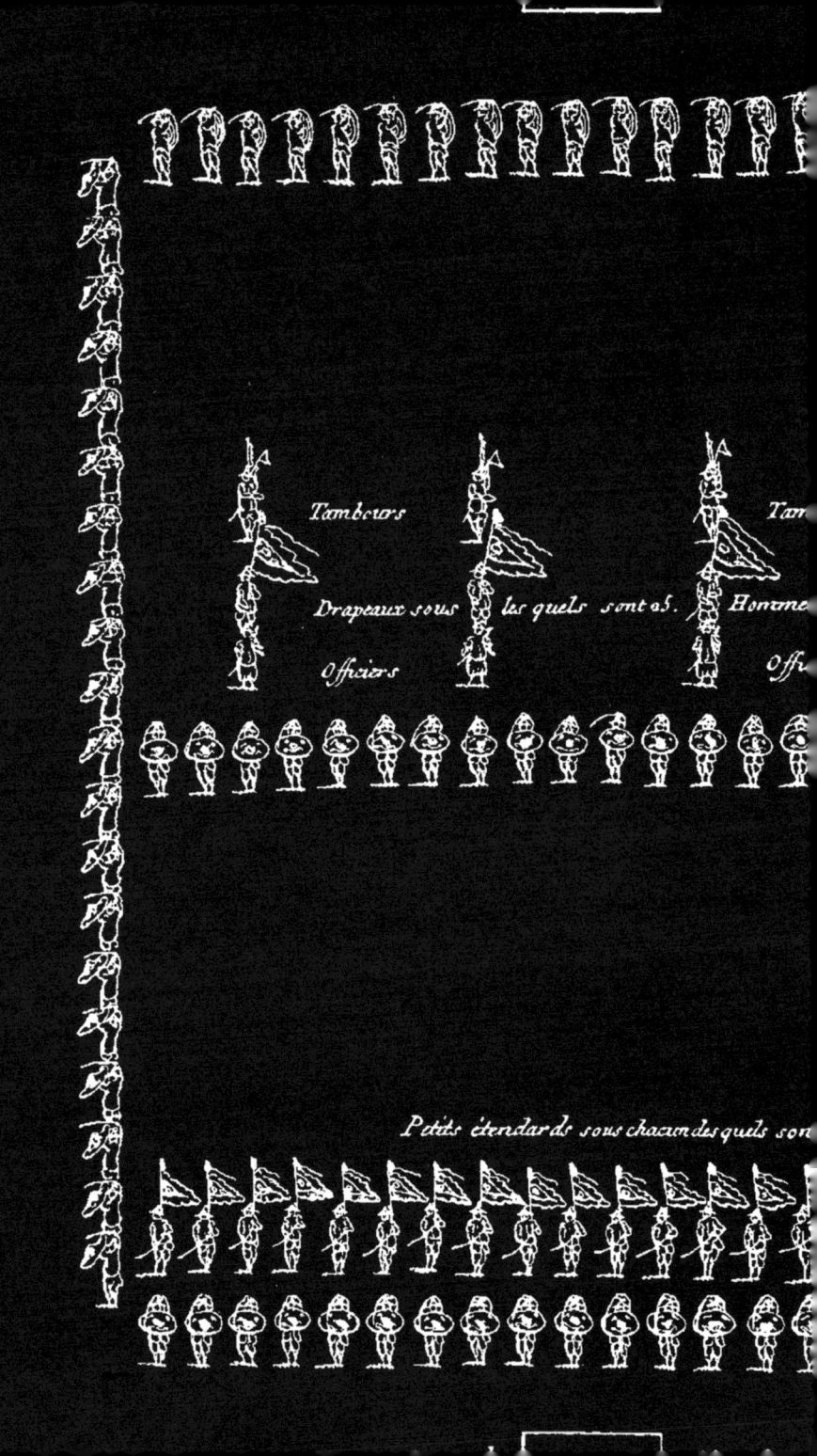

Drapeaux sous les quels sont a 5. Hommes

Officiers

Petits étendards sous chacun desquels son

Tambours

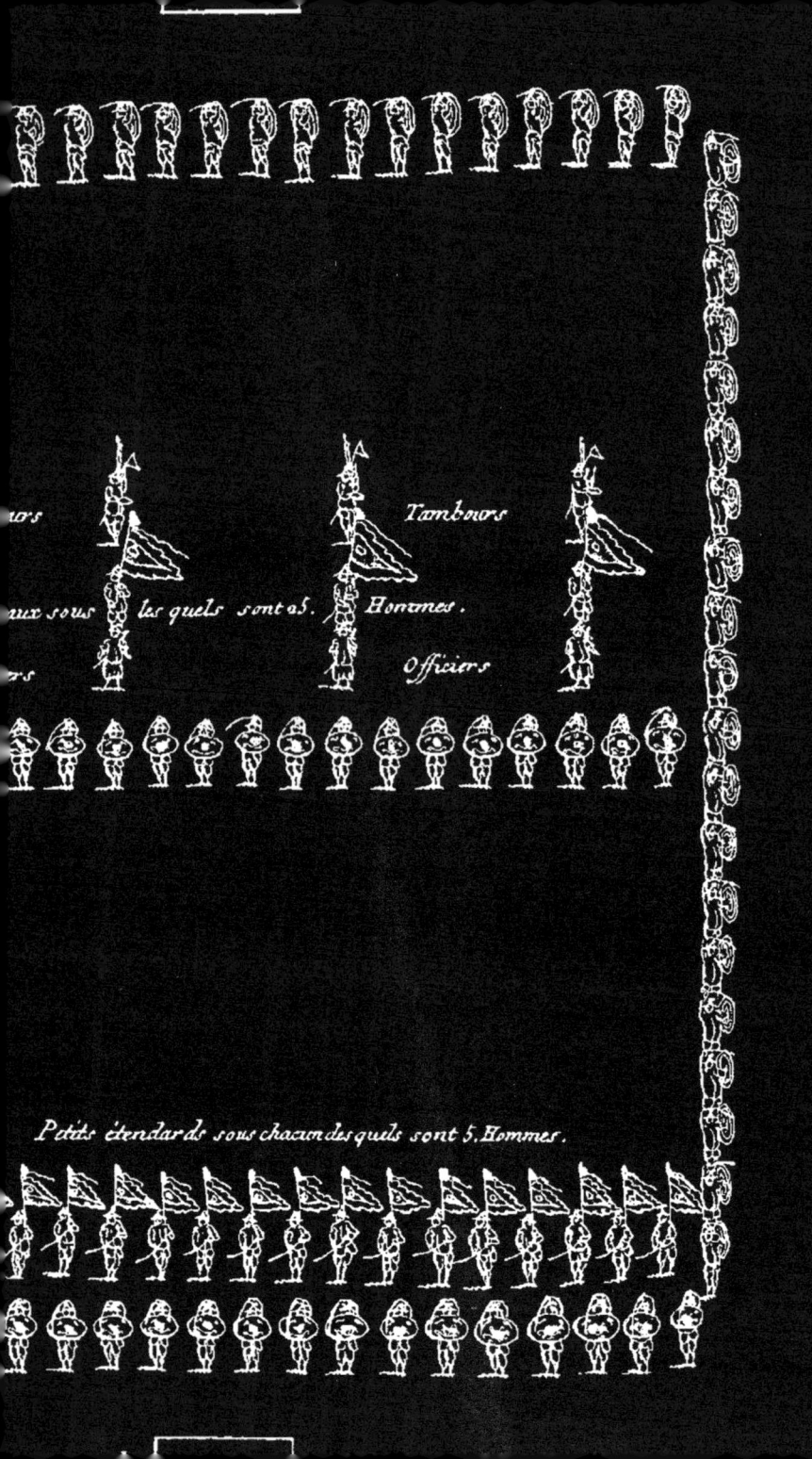

aux sous les quels sont a 5. Hommes.

Officiers

Petits étendards sous chacun desquels sont 5. Hommes.

Capítulo VII

Das vantagens que se busca

Sun Tzu
disse:

Depois que o general tiver reunido num mesmo local todas as tropas que deve comandar, ele deve colocar sua atenção a procurar para elas acampamentos vantajosos, pois é disso que depende o sucesso de seus projetos e de todas as suas empreitadas. Este assunto não tem uma execução tão fácil quanto se possa imaginar, as dificuldades são inúmeras e de muitos tipos, não devemos esquecer nada para superá-las.

Capítulo VII | Das vantagens que se busca

Uma vez acampadas as tropas, é necessário tornar suas atenções para o próximo e o longe, para as vantagens e as perdas, para o trabalho e o repouso, para a diligência e a lentidão. Ou seja, é necessário tornar próximo o que está longe, tirar vantagens mesmo das perdas, substituir um repouso vergonhoso por um trabalho útil, converter a lentidão em diligência. Quer dizer ainda que você deve ficar próximo quando o inimigo acredita que está longe, que de deve ter uma vantagem real quando o inimigo acredita que lhe causou perdas, que deve ficar ocupado com trabalhos úteis quando ele acredita que você está perdido em descanso, que deve usar de todo tipo de diligência quando ele acredita que vê apenas a lentidão. É assim que, dando-lhe o oposto, você o fará dormir para atacá-lo quando menos espera, sem tempo de se reconhecer.

A arte de lucrar com o próximo e o longe consiste em manter o inimigo distante do lugar que você escolheu como acampamento e de todos os postos que lhe parecerem importantes. Consiste em distanciar do inimigo tudo que possa ser vantajoso a ele, e aproximar o que pode ser vantajoso a você. Consiste ainda em ficar constantemente de guarda para não ser surpreendido e em procurar incessantemente o momento de surpreender seu adversário. Além disso, não comece pequenas ações se não tiver certeza de que elas lhe trarão vantagem, e ainda não as faça, a não ser que seja forçado, mas acima de tudo não parta para uma ação geral se não tiver certeza da vitória. É muito perigoso se precipitar em casos semelhantes, uma batalha arriscada e fora de hora pode perdê-lo completamente. O mínimo que pode acontecer, se o evento é duvidoso ou que tenha um sucesso pela metade, é ver a maior parte de suas esperanças frustradas e não poder alcançar seus objetivos.

Antes de entrar em um combate definitivo, é necessário que você o tenha previsto, que esteja preparado há muito tempo. Não conte jamais com a sorte neste tipo de situação. Depois de decidir lutar, e de os preparativos estarem feitos, deixe em um lugar seguro toda a bagagem inútil. Tire de seus homens qualquer coisa que possa envergonhá-los ou sobrecarregá-los, mesmo suas armas, leve apenas aquelas que possam carregar facilmente.

Se precisar ir um pouco longe, caminhe dia e noite, faça o dobro da distância normal, coloque a elite das suas tropas na liderança e os mais frágeis no fim. Antecipe tudo, disponha tudo, e caia sobre o inimigo quando ele ainda acreditar que você está a cem *li* de distância: neste caso eu anuncio sua vitória. Mas se precisar percorrer cem *li* antes de alcançá-lo, fizer cinquenta do seu lado e o inimigo avançar o mesmo tanto, de dez batalhas perderá cinco, e de três batalhas vencerá duas. Se o inimigo só descobre que você está indo até ele quando faltam apenas 30 dias para alcançá-lo, é difícil, no pouco tempo que lhe resta, que ele consiga prover a todos e se preparar para recebê-lo.

Sob o pretexto de descansar seus homens, não ataque assim que chegar. Um inimigo surpreendido já está meio derrotado, mas não é a mesma coisa se ele tiver tempo de se reconhecer, logo pode encontrar recursos para escapar e até mesmo para perder você de vista. Não negligencie nada que possa contribuir para a boa ordem, a saúde e a segurança de seus homens enquanto estiverem sob sua orientação, tenha cuidado para que as armas de seus soldados estejam sempre em bom estado. Faça de modo que os alimentos sejam saudáveis e que jamais fiquem em falta, tenha atenção para que as provisões sejam abundantes e coletadas a tempo, pois se suas tropas estiverem mal armadas, se

Capítulo VII | Das vantagens que se busca

há falta de alimentos no acampamento e se não tiver todas as provisões necessárias antecipadamente, a vitória é difícil de alcançar. Não se esqueça de manter inteligências secretas com ministros estrangeiros, esteja sempre informado sobre planos que tributários ou príncipes aliados podem ter, sobre as boas e más intenções daqueles que podem influenciar a conduta do mestre a quem você serve, ou você pode atrair ordens ou defesas que podem cruzar seus projetos e assim tornar inútil todo o seu cuidado. Sua prudência e seu valor não durarão muito tempo contra os complôs e maus conselhos deles. Para prevenir este inconveniente, consulte-os em certas ocasiões como se precisasse de sua luz, que todos os amigos deles sejam os seus, não tenha divergência de interesses com eles, faça-lhes concessões em assuntos menores, em outras palavras, mantenha a união mais próxima possível[1].

Peço a você mais uma coisa: tenha conhecimento exato e detalhado de todo o seu entorno. Saiba onde há uma floresta, um pequeno bosque, um rio, um riacho, um terreno árido e pedregoso, um pântano, uma montanha, uma colina, uma pequena elevação, um vale, um precipício, um desfiladeiro, um campo aberto, enfim, tudo que pode servir ou alimentar as tropas que você comanda. Se não for possível para você conferir pessoalmente as vantagens e desvantagens do terreno, tenha pelo menos guias com quem possa contar certamente.

---

1. O autor fala aqui dos príncipes que tinham o governo das províncias, que podiam recusar a um general tropas ou alimentos, conceder ou recusar passagem sob o menor pretexto. Esses tipos de governantes eram como pequenos soberanos em suas províncias. Na verdade, dependiam do rei ou do imperador de quem recebiam seus governos, normalmente a título de principado ou de reino, mas uma vez providenciados com isso, exerciam ali uma autoridade não muito diferente da de um soberano, principalmente na época em que o império foi desmembrado e a China era dividida em vários reinos. Eles representavam ao rei ou ao imperador o que queriam, e não era difícil para eles fazer pender a favor ou contra as intenções e interesses de um general. O general, de sua parte, tinha um poder sem limites em seu acampamento e sobre seu exército. Era com seu cuidado que as tropas eram erguidas, era ele que decidia o que cada província deveria fornecer aos homens, dinheiro e munição. Em suma, tudo que tinha a ver com a guerra uma vez concluída era feito por suas ordens.

Na ocasião em que for preciso o descanso, que reine no seu acampamento uma tranquilidade parecida àquela que reina no meio das florestas mais densas. Quando, ao contrário, for necessário fazer movimentos barulhentos, imite o rugido do trovão. Se for caso de ficar fechado em seu posto, fique imóvel como uma montanha. Quando for a hora da pilhagem, seja audacioso como o fogo. Se for chocar o inimigo, seja como o relâmpago. Se precisar esconder seus planos, seja obscuro como as trevas. Mantenha tudo para não desperdiçar jamais em vão. Quando enviar qualquer tropa, que seja sempre com esperança, ou, melhor ainda, com a certeza de uma vantagem real. Para evitar descontentamentos, faça sempre uma distribuição exata e justa de tudo que tiver tomado do inimigo.

A tudo que acabei de dizer é necessário adicionar também a maneira de dar suas ordens, de fazer com que sejam executadas. Existem ocasiões e acampamentos nos quais a maior parte de seus homens não consegue vê-lo ou ouvi-lo. O tambor e o *lo*[2], os estandartes e as bandeiras podem completar sua voz e sua presença. Instrua suas tropas de todos os sinais que pode utilizar. Se fizer avaliações durante a noite, execute suas ordens ao som de uma quantidade grande de tambores e de *lo*. Se, ao contrário, a ação for durante o dia, empregue bandeiras e estandartes para fazer saber suas vontades. O barulho de um grande número de tambores e de *lo* servirá durante a noite tanto para lançar o terror entre seus inimigos como para reanimar a coragem de seus soldados. O esplendor de um grande número de estandartes, a multiplicidade de suas evoluções, a diversidade de suas cores, a peculiaridade da sua reunião, instruindo os seus homens, vai sempre mantê-los em alerta durante o dia, os ocuparão, alegrarão seu coração, jogando

---

2. O *lo* militar era uma grande bacia de bronze de três pés de diâmetro por seis polegadas de profundidade. Era tocado com um pedaço de madeira. O som resultante era bem forte e ouvido claramente a grandes distâncias.

Capítulo VII | Das vantagens que se busca

perturbação e perplexidade sobre seus inimigos. Assim, além da vantagem de poder entender prontamente todas as suas vontades a seu exército inteiro no mesmo momento, você ainda poderá cansar seu inimigo, fazendo com que tenha que ficar atento a tudo que ele acreditar que você deseja realizar, fazendo nascer nele as dúvidas contínuas sobre a conduta que você deve ter, e inspirando nele medos eternos.

Se algum bravo quiser sair do regimento sozinho para provocar o inimigo[3], não permita. É raro que um homem assim consiga retornar. Perece pelo usual, ou por traição, ou dominado pelo grande número de adversários.

Quando vir suas tropas bem dispostas, não deixe de aproveitar seu ardor. Faz parte da habilidade do general fazer nascer as ocasiões e distinguir se são favoráveis, mas não deve negligenciar as opiniões dos oficiais generais, nem suas ideias, principalmente se têm o bem comum como objetivo.

O tempo e a temperatura do ar são circunstâncias que não deve ignorar. Um bom general tira partido de tudo. Os ares da manhã e do fim da tarde dão força. As tropas são frescas de manhã, e no fim da tarde têm todo o vigor. O ar do meio-dia as faz fracas e lânguidas, durante a noite ficam cansadas e só querem repousar, isso é o comum.

Quando quiser atacar o inimigo, escolha, para ter vantagem, a hora na qual se acredita que os soldados devem estar fracos ou cansados.

---

3. Anteriormente era permitido, nos exércitos chineses, a qualquer um que quisesse fazer um nome, sair do acampamento armado dos pés à cabeça para se apresentar diante do exército inimigo. Quando estivesse em condições de se fazer ouvir, desafiava a um combate corpo a corpo. Os dois campeões lutavam na presença dos dois exércitos, mas eram empregados tanto artifícios como força, habilidade e valor.

Você já terá tomado as providências com antecedência, e suas tropas descansadas e frescas terão de seu lado a vantagem da força e do vigor.

Se perceber que a ordem reina nos regimentos inimigos, espere que seja interrompido e que você note qualquer desordem. Se a proximidade o ofusca ou deixa desconfortável, distancie-se a fim de poder atacá-los quando vierem de longe.

Se vir que eles têm ardor, espere que eles se acalmem e que sejam tomados pelo peso do tédio ou da fadiga.

Se vir que estão reunidos e ordenados como cegonhas, tenha cuidado ao ir até eles.

Se, reduzidos ao desespero, eles se dirigirem a você para vencerem ou perecer, evite o encontro. Se fugirem para locais elevados, não os siga. Se você estiver em uma posição desfavorável, não demore a mudar sua situação. Se os inimigos, reduzidos a poucos, abandonarem o acampamento e tentarem abrir caminho para acampar em outro lugar, não os detenha.

Se forem ágeis e rápidos, não corra atrás deles. Se lhes falta tudo, preveja seu desespero.

Isto é o que eu queria dizer-lhe sobre as diferentes vantagens que deve buscar, quando como a cabeça de um exército você tiver que medir forças com inimigos que, talvez tão prudentes e valentes quanto você, não podem ser vencidos se não usar pequenos estratagemas que acabei de expor.

la face tou[rnée]

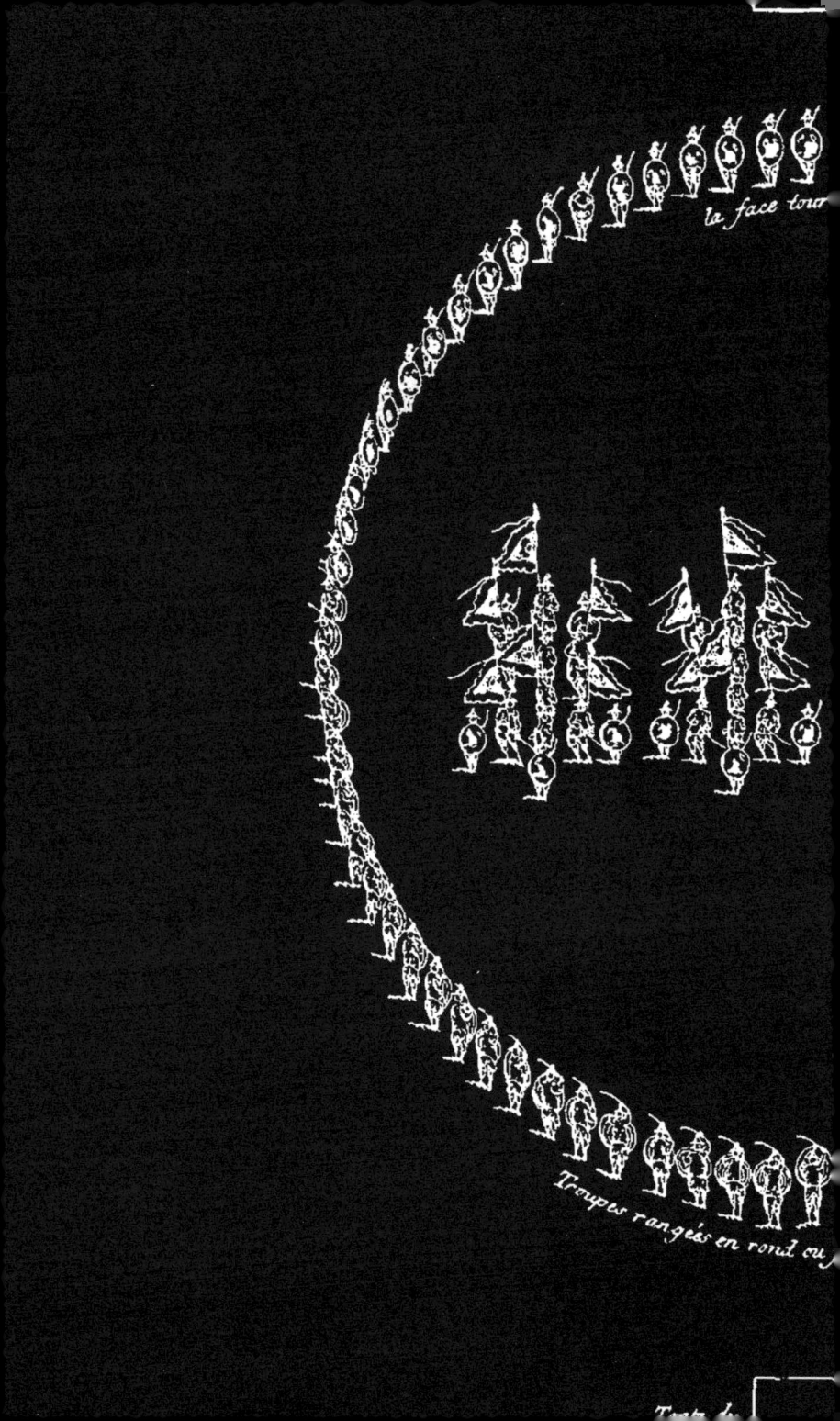

Troupes rangées en rond ou[...]

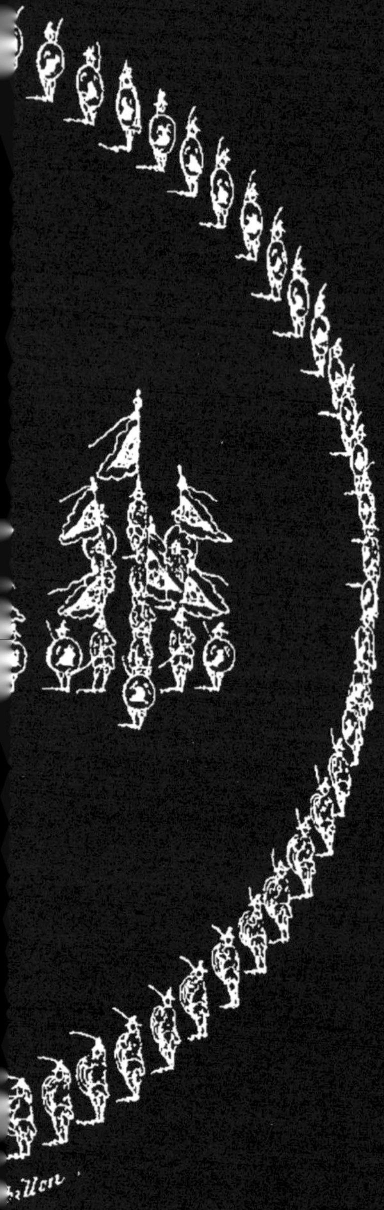

Capítulo VIII

Das nove mudanças[1]

1. Aqui, mais uma vez, não sei como o título corresponde aos assuntos que o autor trata neste capítulo. Veja como começa o comentarista:
"Embora as mudanças que podem ser feitas na conduta de um exército sejam inúmeras, aqui são reunidas nove, que são as principais, das quais é possível concluir outras. Chamamos de mudança tudo que é acessório à conduta usual das tropas ou uma operação militar à qual somos determinados, em razão da circunstância atual".
Designei, de acordo com o comentarista manchu, cada mudança com um número que coloquei na margem.

Sun Tzu
disse:

I. Se você estiver em ambientes de pântano, em lugares onde há a possibilidade de inundações, em lugares cobertos por florestas densas ou montanhas íngremes, em lugares desertos e áridos, em lugares onde só há rios e riachos, em lugares, enfim, de onde não pode tirar seguranças e onde não será apoiado de nenhuma maneira, trate de sair dele o mais rápido possível. Procure qualquer ambiente espaçoso e vasto, onde suas tropas possam se ouvir, de onde elas possam sair facilmente, e onde seus aliados possam lhe trazer a ajuda que necessite sem maiores problemas.

II. Evite com extrema atenção acampar em lugares isolados. Ou se a necessidade o obrigar, só fique o tempo extremamente necessário. Imediatamente tome medidas para sair com segurança e em ordem.

Capítulo VIII | Das nove mudanças

III. Se você se encontrar em lugares distantes de recursos, riachos e poços, onde não encontra facilmente alimentos e forragem, não espere para sair deles. Antes de levantar acampamento, veja se o lugar que escolheu está abrigado por alguma montanha com a qual pode se proteger das surpresas do inimigo, se pode sair facilmente, se tem as comodidades necessárias para procurar comida e outras provisões. Se for assim, não hesite em tomá-lo.

IV. Se estiver em um lugar de morte, procure a ocasião para lutar. Chamo de lugar de morte os ambientes onde não há nenhum recurso, onde se deteriora insensivelmente pelas intempéries do ar, onde as provisões se consomem pouco a pouco sem esperança de reposição, onde as doenças, começando a se inserir no exército, prenunciam grandes danos. Se encontrar-se em tais circunstâncias, apresse-se para lutar. Eu digo que suas tropas não pensarão duas vezes para lutar bem. Morrer pelas mãos do inimigo lhes parecerá um preço mais doce do que todas as mazelas prontas para cair sobre eles.

V. Se, por acaso ou por culpa sua, seu exército se encontrar em um lugar cheio de desfiladeiros onde pode ser facilmente emboscado, de onde não será fácil se salvar em caso de perseguição, onde pode ficar desprovido de alimento e caminhos, você deve atacar o inimigo. Mas se o inimigo o atacar, lute até a morte. Não se contente com uma pequena vantagem ou uma meia vitória, pode ser o início de uma derrota para você. Continue em guarda mesmo depois de aparentar ter vencido.

VI. Quando souber que uma cidade, por menor que seja, é bem fortificada e muito bem provida de munição, tenha cuidado ao fazer o cerco. Se não for informado do estado em que ela se encontra até depois do cerco começar, não insista em continuar, você corre o risco de ver todas as suas forças falharem contra o lugar, que será enfim obrigado a abandonar vergonhosamente.

VII. Não negligencie correr atrás de uma pequena vantagem que pode conseguir com certeza sem perdas de sua parte. Muitas dessas pequenas vantagens que podemos conquistar e são negligenciadas ocasionam em grandes perdas e danos irreparáveis.

VIII. Antes de pensar em buscar qualquer vantagem, compare-a com o trabalho, a pena, os custos e as perdas de homens e de munição que pode lhe ocasionar. Saiba se poderá conservá-la facilmente, depois disso deve determinar se vai pegá-la ou largá-la, de acordo com as leis de uma prudência sensata.

IX. Na ocasião em que for necessário tomar prontamente seu partido, não espere as ordens do rei. Se for o caso em que é necessário agir contra ordens recebidas, não hesite, aja sem medo. A primeira e principal intenção daquele que o colocou na liderança das tropas é que você derrote os inimigos. Se ele tivesse previsto a circunstância em que você se encontra, ele teria ditado pessoalmente a conduta que queria que você tomasse.

CAPÍTULO VIII | Das nove mudanças

Aqui estão o que eu chamo de nove mudanças ou nove circunstâncias principais que devem engajá-lo a mudar a postura ou a posição de seu exército, a mudar a situação, a ir ou voltar, a atacar ou defender, a agir ou repousar. Um bom general jamais deve dizer: "Não importa o que aconteça, eu farei tal coisa, irei ali, atacarei o inimigo, cercarei tal lugar". Somente a circunstância deve determinar as ações, não deve se manter preso a um sistema geral, nem a uma única maneira de governar. Cada dia, cada ocasião, cada circunstância demanda uma aplicação particular dos mesmos princípios. Os princípios em si são bons, mas a aplicação que fazermos os deixa geralmente ruins.

Um grande general deve saber a arte das mudanças. Se ele tem um conhecimento vago de certos princípios, uma aplicação uniforme das regras da arte, sempre as mesmas leis de disciplina, um conhecimento mecânico da situação dos lugares e, se puder me expressar assim, uma atenção de instinto por não deixar escapar nenhuma vantagem, ele não merece o título que porta, não merece comandar.

Um general é um homem que, pelo cargo que ocupa, se encontra acima de uma multidão de outros homens. Por consequência, precisa saber governar os homens, precisa saber conduzi-los, precisa estar verdadeiramente acima deles, não somente por sua dignidade, mas também por seu espírito, seu conhecimento, sua capacidade, sua conduta, sua firmeza, sua coragem e sua virtude. Precisa saber distinguir as verdadeiras vantagens das falsas, as verdadeiras perdas daquelas que têm somente a aparência, que saiba compensar um pelo outro, tirar partido de tudo. Precisa saber empregar certos artifícios para enganar o inimigo, e ficar sempre de guarda para não ser ele mesmo enganado. Não pode ignorar nenhuma armadilha que pode prendê-lo, deve penetrar o inimigo com artifícios de qualquer natureza que pode haver, mas não deve para isso querer adivinhar. Mantenha sua guarda, o veja chegar, esclareça suas marchas e toda a sua conduta, e conclua. Do contrário, você corre o risco de se enganar e de ser a triste vítima de suas conjecturas precipitadas.

Se não quiser se assustar com a multitude de seus trabalhos e penas, espere sempre tudo o que há de mais duro e mais difícil. Trabalhe sem cessar para infligir penas ao inimigo. Pode fazê-lo de mais de uma maneira, mas veja aqui o que há de essencial neste gênero.

Não esqueça nada para seduzir quem há de melhor no partido do inimigo. Ofertas, presentes, afeição, que nada seja omitido. Engane se for necessário, manipule os homens de honra que estão no acampamento inimigo para que pratiquem ações vergonhosas, indignas de sua reputação, ações que os fazem corar quando lembradas, e não deixe de divulgá-las.

Mantenha ligações secretas com os mais perversos entre os inimigos. Use-os para alcançar seus objetivos, juntando a eles outros homens perversos.

Atravesse o governo do inimigo, semeie a discórdia entre seus chefes, forneça assuntos de cólera a uns contra os outros,

Capítulo VIII | Das nove mudanças

faça murmurarem contra seus oficiais, amotine os oficiais subalternos contra seus superiores, faça com que falte alimentos e munição, espalhe entre eles ares de músicas voluptuosas que amoleçam o coração, envie a eles mulheres para suborná-los, faça-os sair do acampamento quando precisarem ficar dentro, e que fiquem tranquilos no acampamento quando tiverem que sair em campanha, faça com que deem sem cessar falsos alarmes e falsas opiniões, envolva os governantes das províncias deles em seus interesses. É isso que deve fazer se quiser enganar com habilidade e astúcia.

Os generais que brilharam entre nossos antepassados eram homens sábios, precavidos, intrépidos e duros no trabalho. Tinham sempre sua espada a seu lado e estavam sempre prontos para qualquer evento. Se encontravam o inimigo, não precisavam esperar por ajuda para competir com ele. As tropas que comandavam eram bem disciplinadas e sempre dispostas a fazer um ataque surpresa ao primeiro sinal que lhes davam. Na vida privada, a leitura e o estudo precediam a guerra e os preparavam. Protegiam com cuidado as fronteiras e não deixavam de fortificar bem suas cidades. Não partiam contra o inimigo quando eram instruídos que este havia feito todos os preparativos para recebê-los bem. Atacavam pelos locais frágeis em momentos de preguiça e ociosidade.

Antes de terminar este capítulo, devo preveni-los contra cinco tipos de perigos, que devem ser mais temidos à medida que parecem menos ameaçadores, armadilhas funestas contra as quais a prudência e a bravura falharam mais de uma vez.

I. O primeiro é um grande ardor de afrontar a morte. Ardor imprudente, que normalmente é honrado com os belos nomes de coragem, intrepidez e valor, mas que no fundo mal merece o de covardia. Um general que se expõe sem necessidade, como faria um simples soldado, que parece procurar os perigos e a morte, que luta, que faz a batalha durar ao extremo, é um homem que merece morrer. É um homem acéfalo, que não sabe encontrar recursos para sair de um passo ruim. É um covarde que não sabe sofrer a menor derrota sem ficar consternado e que acha que tudo se perdeu se não sair vitorioso.

II. O segundo é uma atenção exagerada para conservar sua vida. Acreditam-se necessários ao exército inteiro, são cuidados para não se exporem, não ousam, por isso, tomar alimento do inimigo, tudo é escuso e tudo causa medo, estão sempre em suspense, não se determinam a nada, esperam sempre uma ocasião mais favorável e perdem a que se apresenta, não fazem qualquer movimento. Mas o inimigo, que está sempre atento, aproveita tudo e faz logo um general tão prudente perder todas as esperanças. Ele o cercará, cortará suas provisões e o fará perecer pelo grande amor que tem de conservar sua vida.

III. O terceiro é uma cólera precipitada. Um general que não sabe se controlar, que não é mestre de si mesmo, que se deixa levar pelos primeiros movimentos de indignação ou de raiva e não sabe deixar de ser a chacota dos inimigos. Eles o provocarão e lhe darão mil armadilhas que seu furor os impedirá de reconhecer e nas quais ele cairá infalivelmente.

IV. O quarto é um ponto de honra mal entendido. Um general não deve se ofender muito, nem fora de hora. Deve saber dissimular, não deve se desencorajar depois de qualquer insucesso, nem acreditar que tudo está perdido porque cometeu algum erro ou teve qualquer falha. Para reparar sua honra ligeiramente machucada, às vezes se perde sem recursos.

V. O quinto e último é ser muito complacente ou ter uma compaixão tenra demais pelo soldado. Um general que não ousa punir, que fecha os olhos para a desordem, que teme que seus homens sejam sempre sobrecarregados com o peso do trabalho, e que não ousaria por essa razão o impor, é um general que colocará tudo a perder. Aqueles de uma patente inferior devem carregar as penas, devem ter sempre um trabalho a fazer, sempre algo a sofrer. Se quiser tirar partido de seus serviços, faça de modo que não fiquem jamais ociosos. Puna com severidade, mas sem rigor extremo. Procure castigos de trabalho, mas só até certo ponto.

Um general deve se prevenir contra todos esses perigos. Sem procurar demais viver ou morrer, ele deve se conduzir com valor e prudência, de acordo com o que as circunstâncias exigem. Se tiver bons motivos para ficar com raiva, que o faça, mas que não seja como um tigre que não tem freios. Se acreditar que sua honra foi ferida, que trabalhe para repará-la seguindo as regras da sabedoria, e não pelos caprichos de uma má vergonha. Que ame seus soldados e os trate bem, mas que seja com discrição. Se lutar em batalhas, fizer movimentos no acampamento, cercar cidades, ou fizer excursões, que seja adicionando astúcia ao valor, sagacidade à força das armas. Que arrume tranquilamente suas falhas quando tiver a infelicidade de cometê-las, que aproveite todas as falhas de seu inimigo, e que o coloque em ocasiões de cometer novas.

P.

Th

Capítulo IX

Da conduta que as tropas devem ter[1]

---

[1]. Sun Tzu coloca este capítulo imediatamente depois daquele das nove mudanças, diz um dos comentaristas, porque é como uma continuação, ou como um tipo de explicação suplementar. Sun Tzu, continua, chama saber se conduzir nas tropas, essa arte a qual, dependendo da ocasião, se escolhe fazer tal ou tal coisa. Para isso é necessário conhecer o terreno, saber aproveitá-lo, conhecer suas próprias vantagens e ter consciência dos desenhos dos inimigos.

Sun Tzu
DISSE:

Antes de acampar suas tropas, saibam em que posição estão os inimigos, conheça o terreno escolhido que trará mais vantagens para você. Podemos reduzir a quatro pontos principais as diferentes situações.

Capítulo IX | Da conduta que as tropas devem ter

I. Se estiver nas vizinhanças de uma montanha, tenha cuidado para não se fixar na face norte. Ocupe a face do meio-dia, essa vantagem não terá uma consequência pequena. Desde a parede da montanha, estenda-se em segurança até dentro dos vales. Lá encontrará água e forragem em abundância, será alegrado pela luz do sol, acalentado por seus raios, e o ar que respirar será mais salubre do que aquele respira do outro lado. Se os inimigos vêm por detrás da montanha com a intenção de surpreendê-lo, instruído por aqueles que você posicionou no cume, você se retirará à vontade se não acreditar que pode vencê-los, ou os esperará pronto para o combate se julgar que pode vencê-los sem muitos riscos. No entanto, não lute nas alturas a não ser que a necessidade o obrigue, e, sobretudo jamais procure o inimigo.

II. Se estiver próximo a um rio, aproxime-se o máximo possível de sua fonte. Tente conhecer todos os terrenos baixos e onde é possível atravessar para a outra margem. Se tiver que atravessar, não o faça na presença do inimigo. Mas se os inimigos, mais ousados e menos prudentes que você, quiserem arriscar a passagem, não os ataque até que a metade de seus homens esteja na outra margem, assim você os combaterá com a vantagem de dois contra um. Mesmo perto dos rios, mantenha a altura a fim de poder descobrir ao longe. Não espere o inimigo perto das bordas, não vá até ele. Fique sempre de guarda, ou, sendo surpreendido, pode não encontrar lugar para se retirar em caso de infelicidade.

III. Se estiver em um lugar escorregadio e úmido, pantanoso e insalubre, retire-se o mais rápido que puder. Não pode parar ali sem ser exposto a grandes inconvenientes. A falta de alimentos e as doenças logo farão cerco em seu entorno. Se precisar ficar, trate de ocupar as bordas, não deixe que seus homens se dispersem. Se houver florestas por perto, deixe-as para trás.

IV. Se estiver em locais planos e secos, tenha sempre sua esquerda descoberta, meça atrás de você qualquer elevação onde seus homens podem ver ao longe. Quando a frente de seu acampamento só apresentar objetos de morte, tenha cuidado para que os locais que estão atrás possam oferecer ajuda contra necessidade extrema.

Tais são as vantagens de diferentes acampamentos. Vantagens preciosas, das quais depende a maioria dos sucessos militares. Foi porque ele dominava a fundo a arte dos acampamentos que o Imperador Amarelo triunfou sobre seus inimigos e submeteu sob suas leis todos os príncipes vizinhos de seus domínios[2].

É preciso concluir de tudo que acabei de dizer que os lugares altos são em geral mais salubres às tropas do que os lugares baixos e profundos, pois é nos locais elevados que podemos encontrar facilmente ar puro e são o que os protege de doenças das quais não é possível escapar em locais úmidos e baixos. Mesmo nas elevações há uma escolha a se fazer, que é acampar sempre na face do meio-dia, porque é onde se encontra a abundância e a fertilidade. Um acampamento

---

2. Imperador Amarelo é um dos nomes de Huangdi, fundador do império chinês. Foi durante seu reinado que o governo começou a tomar a forma que é observada em povos civilizados. Huangdi tinha todas as qualidades de um grande rei: era um político habilidoso e grande guerreiro. São atribuídos a ele preceitos sobre a arte militar que dizem terem sido excelentes, mas deles não resta nenhum vestígio. Venceu um rei bárbaro chamado Chi You, dizem historiadores chineses, num lugar que se chamava Zhuolu (que é o que chamamos hoje de Zhuo-chou, a 120 *li* chineses, ou 12 léguas, de distância de Pequim). Foi depois dessa expedição que Huangdi ou Imperador Amarelo voltou suas atenções para fazer as regras da arte militar. Desde então, não faltou nada aos chineses para serem a primeira nação do mundo. O povo era fiel, sincero e respeitoso, os magistrados tinham justiça e equidade na divisão, os guerreiros eram prudentes, valentes e intrépidos, as doenças eram raras e, como tinham a arte de curá-las, não duravam muito tempo, etc.

dessa natureza é uma manifestação da vitória. O contentamento e a saúde, que são a sucessão habitual da boa alimentação tomada sob um céu puro, dão coragem e força ao soldado, enquanto a tristeza, o descontentamento e as doenças o exaustam, irritam, fragilizam e desencorajam completamente.

Deve-se concluir ainda que os acampamentos próximos de rios têm vantagens que não devem ser ignoradas e seus inconvenientes, que é preciso evitar a todo custo. Nunca é demais repetir: mantenha-se na parte alta do rio, deixe-o correr em direção aos inimigos. Além de o leito ser muito mais bem frequentado na nascente, as águas são mais puras e mais salubres.

Quando as chuvas formarem torrente ou incharem os rios cuja margem você ocupa, espere algum tempo antes de voltar a marchar, e, sobretudo não se arrisque a passar para a outra margem, espere que as águas retomem a tranquilidade de seu curso normal. Terá provas certas disso se não ouvir mais um barulho surdo, que tem mais de agitação do que de murmúrio, se não vir mais espumas na superfície e se terra ou areia não corre mais com a água.

De desfiladeiros e lugares entrecortados por precipícios e rochedos, de lugares pantanosos e escorregadios, de lugares estreitos e cobertos, quando a necessidade ou o acaso o conduzir para lá, retire-se o mais rápido possível, distanciando-se o máximo que puder. Se estiver longe de lugares assim, o inimigo estará perto deles. Se você escapar, o inimigo o seguirá e talvez caia nos mesmos perigos que você acabou de evitar.

Deve ainda ficar extremamente atento a outro tipo de terreno. O lugar coberto de moitas ou pequenas árvores, em geral, é cheio de altos e baixos, onde se está a todo o momento em colinas ou vales. Evite-o, fique em estado de atenção contínuo. Esse tipo de lugar pode estar cheio de emboscadas, o inimigo pode sair a qualquer momento, surpreendê-lo, cair sobre você e despedaçá-lo. Se estiver longe, não se aproxime. Se estiver próximo, só se movimente depois de fazer o reconhecimento do terreno. Se o inimigo vier atacá-lo, faça com que tenha toda a desvantagem do terreno a seu lado. Por você, não ataque a não ser que o veja desprotegido. Enfim, qualquer que seja o terreno de seu acampamento, bom ou ruim, é preciso usá-lo a seu favor. Não fique jamais ocioso, nem evite fazer tentativas. Ilumine todos os passos do inimigo, tenha espiões de distância em distância, até o meio do campo dele, debaixo da tenda do general. Não ignore nada de tudo que podem lhe reportar, preste atenção em tudo.

Se os homens que enviou para fazer descobertas lhe contarem que as árvores estão em movimento mesmo com o tempo calmo, conclua que o inimigo está em marcha. Pode ser que ele queira ir a seu encontro, faça a organização, prepare-se para recebê-lo bem, e até mesmo vá em sua direção. Se lhe contarem que os campos estão cobertos de relva e que a relva é forte e alta, fique de guarda sem cessar, vigie continuamente para evitar qualquer surpresa. Se disserem que viram pássaros em bando voando sem parar, fique desconfiado, estão vindo espionar ou montar armadilhas. Mas se em vez de pássaros virem um grande número de quadrúpedes a correr pelo campo, como se não tivessem refúgio, é sinal de que seus inimigos estão em vigília. Se disserem que perceberam ao longe turbilhões de poeira subindo aos ares, conclua que o inimigo está se deslocando.

Capítulo IX | Da conduta que as tropas devem ter

Se a poeira for baixa e espessa, estão a pé, se a poeira for mais rala e elevada, estão a cavalo e carroças. Se lhe advertirem que os inimigos estão dispersos e só marcham por pelotão, é sinal de que tiveram que atravessar um bosque, estão abatidos e cansados, e estão tentando se reunir novamente. Se descobrir que viram nos campos pessoas a pé e homens a cavalo a ir e vir, dispersos aqui e ali em pequenos grupos, não duvide que os inimigos estejam acampados.

Tais são os indícios gerais que deve aproveitar, tanto para saber a posição daqueles que deve encarar, como para abortar seus planos e se proteger de qualquer surpresa por parte deles. Veja aqui outros em que deve prestar atenção particular.

Quando os espiões que estão perto do acampamento inimigo contarem que estão falando baixo misteriosamente, que os inimigos são modestos na maneira de agir e contidos em todos os seus discursos, conclua que estão pensando em uma ação geral e que já estão fazendo os preparativos. Vá até eles sem perder tempo, eles querem surpreendê-lo, surpreenda-os você mesmo.

Se, ao contrário, ficar sabendo que são barulhentos, orgulhosos e arrogantes em seus discursos, tenha certeza de que pensam na retirada e não têm vontade de lutar. Quando lhe disserem que viram quantidades de carros vazios precedendo o exército[3], prepare-se para o combate, pois os inimigos vêm até você para lutar. Não escute as propostas de paz ou de aliança que lhe farão, serão apenas um artifício

---

3. Quando os exércitos chineses iam para batalha, enviavam uma parte das carroças, furgões e carros ao inimigo, tanto para enganá-lo, como para fazer uma muralha contra surpresas. Quando os carros eram atacados, alguns se destacavam para avisar o grosso do exército.

da parte deles. Se marcham decididamente, é porque acreditam ir em direção à vitória; se vão e voltam, avançam uma parte e recuam mais um tanto, é porque querem atraí-lo para o combate; se, na maior parte do tempo, ficam parados sem fazer nada, se apoiando sobre suas armas como cajados, é porque estão escapando, quase morrem de fome e procuram alguma coisa para comer; se passam perto de um rio e correm em desordem para beber a água, é porque sofrem com a sede; se apresentados com uma armadilha com qualquer coisa de útil para eles e mesmo assim não tentam aproveitar, é porque estão desafiadores ou temerosos; se não têm coragem para avançar mesmo estando em uma situação na qual é necessário fazê-lo, é porque estão confusos, em ansiedades e problemas.

Além do que acabei de dizer, se instrua sobre todos os campos do inimigo. Você poderá conhecê-los por meio dos pássaros que observar reunidos em certos lugares. Se os acampamentos forem frequentes, pode concluir que os inimigos têm pouco conhecimento dos locais. Os pássaros podem lhe servir para descobrir armadilhas que fizerem e espiões que enviarem para fazer o reconhecimento do seu acampamento. Preste atenção somente em seus cantos[4].

Se descobrir que no acampamento dos inimigos ocorrem festas constantes, que bebem e comem com animação, fique contente. É uma prova infalível de que os generais não têm autoridade.

---

4. O autor não especifica se quer dizer os pássaros selvagens do campo, ou somente os pássaros domésticos, que serviam para a guarda um pouco como os cães servem para nós. É provável, como disse um comentarista, que entre os espiões existissem os que eram encarregados de prestar atenção aos movimentos, voos, cantos dos pássaros que vinham do lado do inimigo.

Capítulo IX | Da conduta que as tropas devem ter

Se os estandartes deles mudam constantemente de lugar, é prova de que não sabem se decidir e que a desordem reina entre eles. Se os oficiais subalternos estão inquietos, descontentes e se irritam com qualquer coisa, é prova de que estão entediados ou oprimidos sob o peso de uma fadiga inútil. Se em diferentes partes do acampamento eles matarem furtivamente cavalos, cuja carne forem autorizados a comer[5], é prova de que suas provisões estão no fim.

Tais são as atenções que deve ter a todos os passos que o inimigo pode dar. Entrei em detalhes minuciosos que a maioria achará inútil, mas meu objetivo é avisá-lo sobre tudo e o convencer de que nada que pode contribuir para o seu triunfo é pequeno demais. A experiência me ensinou, e o ensinará também, eu espero que não seja a suas custas. Mais uma vez, descubra os passos do inimigo, quaisquer que possam ser. Tenha os olhos em tudo, saiba tudo. Impeça os roubos e os assaltos, os abusos e o alcoolismo, os descontentamentos e os complôs, a preguiça e o ócio. Sem que seja necessário o instruir, você pode descobrir por si mesmo quais de seus homens estão em cada caso. Veja como:

Se alguns de seus soldados, mudando de posto ou de posição, deixarem cair qualquer coisa, mesmo de valor baixo, e não se derem ao trabalho de pegar novamente, ou se esquecerem qualquer utensílio na primeira estação e não reclamarem, conclua que são ladrões e os puna como tais[6].

---

5. Desde tempo imemorial é proibido na China aos exércitos matar cavalos, bois, etc para se alimentar da carne. Não porque acreditavam que a carne era ruim, pois a comem de boa vontade, mesmo quando os animais morreram de velhice ou doença, mas por razões políticas. Em tempos de guerra, não era permitido comer a carne de nenhum animal de carga, pelo pretexto que fosse.

6. Os ladrões não são tratados na China como são na Europa. Na França, por exemplo, um ladrão é enforcado ou enviado às galés. Na China, recebem apenas alguns golpes com bastão.

Se no seu exército existirem conversas secretas, se falam frequentemente ao pé do ouvido ou com voz baixa, se existem coisas que só ousam dizer a meia voz, conclua que o medo se esgueira pelos seus homens, que o descontentamento o seguirá, e que os complôs não tardarão a se formar. Se apresse para restabelecer a ordem.

Se suas tropas parecem pobres e lhes falta até o mínimo, além do pagamento normal, distribua entre elas qualquer soma. Mas tenha o cuidado de não exagerar, a abundância de dinheiro é muitas vezes mais funesta do que vantajosa, e mais prejudicial do que útil. O abuso que causa é a fonte da corrupção das almas e a mãe de todos os vícios.

Se seus soldados, antes audaciosos, se tornarem tímidos e covardes, se entre eles a fragilidade tomou o lugar da força, e a baixeza, da magnanimidade, esteja certo de que o coração deles está minado. Procure a causa da depravação e a elimine desde a raiz.

Se, sob diversos pretextos, alguns lhe pedirem permissão para se retirar, são os que não querem lutar. Não recuse a todos, mas, aos que conceder, que seja sob condições vergonhosas. Se vierem em grupo exigindo de você justiça em um tom amotinado e raivoso, escute suas razões e os trate com respeito, mas, dando-lhes satisfação por um lado, puna-os severamente por outro.

Se, tendo chamado alguém a sua presença, ele não obedecer prontamente, se demorar em atender suas ordens e se, depois que terminar de lhe transmitir suas ordens, ele não se retirar, desconfie, fique em alerta.

Capítulo IX | Da conduta que as tropas devem ter

Em outras palavras, a conduta das tropas exige atenção contínua da parte do general. Sem deixar de vigiar o exército inimigo, é necessário se esclarecer sem cessar sobre o seu. Saiba quando o número de inimigos aumentar, esteja informado sobre a morte ou a deserção em meio a seus soldados.

Se o exército inimigo é inferior ao seu e se ele não ousa por esta razão medir forças com você, parta para o ataque sem demora, não lhes dê tempo para se reforçarem, uma única batalha é decisiva nessa ocasião. Mas se, sem estar a par da situação atual dos inimigos, e sem ter colocado tudo em ordem, você os assediar para começar uma batalha, corre o risco de cair em suas armadilhas, de acabar derrotado e de perder sem recursos. Se não mantiver uma disciplina exata em seu exército, se não punir exatamente até o menor dos crimes, você logo não será mais respeitado, sua autoridade sofrerá e as punições que usar no futuro, longe de parar os crimes, só servirão para aumentar o número de culpados.

Ora, se você não for nem temido nem respeitado, se sua autoridade for frágil e não o servir sem perigo, como poderá liderar um exército com honra? Como poderá se opor aos inimigos do Estado?

Quando tiver que aplicar uma punição, que seja num bom momento e à medida que os crimes exigem. Quando tiver ordens a dar, dê somente quando tiver certeza de que será obedecido à letra. Instrua suas tropas, mas instrua oportunamente, não as irrite nem as canse sem necessidade. Tudo o que elas podem fazer de bom ou de ruim, de bem ou de mal, está em suas mãos. Um exército composto dos mesmos homens pode ser desprezível quando comandado por um general, e invencível quando comandado por outro.

Tente

iral

Capítulo X

Do conhecimento do terreno

Sun Tzu
disse:

Na superfície da Terra, todos os lugares são diferentes entre si. Existem aqueles dos quais deve fugir e outros que devem ser objetos de suas buscas, e você deve estar familiarizado com todos eles.

Capítulo X | Do conhecimento do terreno

Os lugares estreitos ou cheios de desfiladeiros, os lugares escabrosos e cortados por precipícios e rochedos, os lugares longínquos e de difícil acesso, os lugares que não têm comunicação livre com um terreno mais espaçoso e próprio a lhe fornecer a ajuda que possa precisar, são do primeiro tipo. Trate de conhecê-los a fundo para não introduzir neles seu exército inapropriadamente.

Procura, ao contrário, todo lugar em que há uma montanha suficientemente alta para defendê-lo de qualquer surpresa, onde se pode chegar e sair por diversos caminhos que lhe serão perfeitamente familiares, onde existe comida em abundância, onde as águas não faltam, onde o ar será salubre e o terreno coeso, tal lugar deve ser objeto de suas mais ardentes buscas. Mas queira você tomar um acampamento vantajoso, ou queria evitar locais perigosos ou pouco cômodos, use de extrema diligência, persuadido que o inimigo tem o mesmo objetivo que você.

Se o lugar que você quer escolher está tanto ao alcance do inimigo quando ao seu, se os inimigos podem encontrá-lo tão facilmente quanto você, é só uma questão de impedi-los. Para isso, se desloque durante a noite, mas pare com o nascer do sol e, se possível, que seja sempre sobre qualquer elevação, a fim de poder ver ao longe. Espere então que todas as suas provisões e bagagem cheguem. Se o inimigo vier até você, o espere de pé firme e poderá combatê-lo com vantagem.

Não se comprometa jamais com o tipo de lugar onde podemos chegar facilmente, mas de onde não podemos sair sem muita pena e dificuldade extrema. Deixe um campo do tipo inteiramente livre ao inimigo. Se ele for tão imprudente para tomá-lo, vá até ele. Ele não conseguirá escapar e você vencerá sem muito trabalho.

Uma vez acampado com toda a vantagem do terreno, espere tranquilamente que o inimigo faça as primeiras marchas e entre em movimento. Se ele vir até você para lutar, não vá até ele até ver que ele terá dificuldades para retornar seus passos.

Se ele tiver tido tempo para preparar tudo para o combate e atacá-lo, e você não vencer, há o que temer para você. Não tente um segundo ataque. Retire-se para o seu acampamento se puder e não saia até que veja claramente que não está mais em perigo. Deve esperar que o inimigo utilize vários recursos para o atrair, faça com que todos os artifícios que pode empregar sejam inúteis.

Se seu rival o preceder e fizer o acampamento no lugar onde você deveria fazer o seu, ou seja, no lugar mais vantajoso, não perca tempo tentando fazê-lo se mover usando estratagemas comuns, você trabalhará inutilmente.

Se a distância entre você e ele é um pouco considerável e os dois exércitos estiverem mais ou menos iguais, ele não cairá tão facilmente nas armadilhas que você criar para atraí-lo para o combate. Não perca seu tempo inutilmente, você terá mais sucesso de outra maneira. Tenha por princípio que o seu inimigo procura suas vantagem com o mesmo ardor com o qual você procura as suas. Empregue toda a sua indústria para dar a ele a mudança daquele lado, mas, sobretudo, não o pegue você mesmo. Para isso, não esqueça jamais que se pode enganar e ser enganado de várias maneiras. Relembrarei as seis principais, pois são essas as fontes de onde todas as outras derivam.

A primeira consiste no caminho das tropas.

A segunda, em seus diferentes arranjos.

A terceira, em sua posição em locais pantanosos.

A quarta, na sua desordem.

A quinta, em seu declínio.

E a sexta, em sua fuga.

Um general que recebeu qualquer derrota por culpa da sua falta de conhecimento faria errado em acusar o Céu por seu infortúnio. A culpa deve ser atribuída inteiramente a ele mesmo.

Se aquele que está na liderança dos exércitos não se instruir a fundo sobre tudo que diz respeito às tropas que lidera e as que deve combater; se não conhece exatamente o terreno onde se encontra em determinado momento, aquele para onde se deve ir, aquele para onde se pode fugir em caso de infortúnio, aquele para onde pode-se fingir ir com o objetivo de atrair o inimigo, e aquele onde pode ser forçado a parar inesperadamente; se movimenta o seu exército no momento errado; se não está informado sobre todos os movimentos do exército inimigo e dos planos que ele pode ter por sua conduta; se divide suas tropas sem necessidade, ou sem ter sido forçado pela natureza do local onde se encontra, ou sem ter previsto todos os inconvenientes que podem resultar disso, ou sem uma espécie de certeza de qualquer vantagem real; se sofre com a desordem que se insinua pouco a pouco em seu exército, ou se, sob indícios incertos, for persuadido facilmente que a desordem reina no exército inimigo, e que deve agir em consequência; se seu exército decair sensivelmente sem que ele proponha um remédio; um tal general só pode ser a piada dos inimigos, que lhe darão em troca, por consequências estudadas, marchas fingidas e condutas das quais será vítima. As máximas seguintes devem lhe servir de regra para todas as suas ações.

Se seu exército e o do inimigo estão mais ou menos iguais em número e força, de cada dez partes das vantagens do terreno, você deve ter nove. Aplique todos os seus esforços, toda sua atenção e toda sua indústria para alcançá-las. Se as possuir, seu inimigo se encontrará reduzido e não ousará se apresentar diante de você e fugirá assim que você se mostrar. Ou, se ele for imprudente e prosseguir com o combate, você o combaterá com a vantagem de dez contra um. O contrário acontecerá se, por negligência ou falta de habilidade, você der tempo e oportunidade de alcançar aquilo que você não tem.

Em qualquer posição em que você estiver, se seus soldados estiverem fortes e cheios de moral, mas seus oficiais estiverem frágeis e covardes, você estará em desvantagem. Se, ao contrário, a força e a moral se encontram unicamente encerradas nos oficiais, enquanto a fragilidade e a covardia dominam o coração dos soldados, seu exército será logo derrotado, pois soldados cheios de coragem e valor não querem se desonrar. Nada do que eles quiserem poderá ser entregue pelos oficiais covardes e tímidos, assim como os oficiais valentes e intrépidos serão muito mal obedecidos pelos soldados tímidos e covardes.

Se os oficiais se irritam facilmente, se não sabem nem dissimular nem colocar um freio em sua cólera, qualquer que seja o assunto, eles se engajarão em ações ou pequenos combates dos quais não sairão com honra pois foram iniciados precipitadamente, e não puderam prever os inconvenientes e todas as consequências. Pode até acontecer de agirem contra a intenção expressa do general, sobre diversos

Capítulo X | Do conhecimento do terreno

pretextos que tentarão parecer plausíveis, e de uma ação particular iniciada contra todas as regras, chegarão a um combate geral, no qual todas as vantagens estarão do lado do inimigo. Fique atento a esses oficiais, não os perca de vista. Mesmo que tenham grandes qualidades, eles causarão grandes prejuízos, e talvez até mesmo façam perder seu exército inteiro.

Se um general é covarde, não terá os sentimentos de honra que convêm a uma pessoa de sua patente, lhe faltará o talento essencial de dar ânimo às tropas, diminuirá a coragem delas quando for preciso aumentá-la. Não saberá nem as instruir, nem as treinar. Não acreditará jamais que pode contar com a inteligência, o valor e a habilidade dos oficiais que estão sob seu serviço, e os oficiais não saberão o que esperar. Fará suas tropas tomarem mil passos em falso, e vai querer que faça por vezes de um jeito e por vezes de outro, sem seguir nenhum sistema, sem método algum. Hesitará muito, não se decidirá sobre nada, verá somente razões para temer por todos os lados. E então a desordem, uma desordem geral, reinará em seu exército.

Se um general ignora os pontos fortes e fracos do inimigo contra o qual luta, se não está informado a fundo, tanto sobre os locais que ocupa atualmente, como aqueles que pode vir a ocupar em diferentes ocasiões, acabará por combater o que há de mais forte no exército inimigo com o que há de mais fraco no seu próprio, por enviar suas tropas ágeis contra as tropas pesadas, ou contra aquelas que não têm consideração pelo inimigo, por atacar por meios impróprios, por deixar perecer, por falta de apoio, aqueles dos seus que não se encontram em estado de resistir, por se defender mal em um posto ruim, por ceder um posto importante. Nesses tipos de ocasião, ele contará em qualquer vantagem imaginária que será apenas um efeito da política do inimigo, ou perderá a coragem depois de um fracasso que não deveria ser contado para nada. Será perseguido sem esperar, se encontrará cercado e o combaterão facilmente. Será feliz se encontrar sua salvação a seguir: é porque, para retornar ao tema principal desse capítulo, um bom general deve conhecer todos os lugares que são ou que podem ser o palco da guerra, com a mesma distinção com a qual conhece todos os cantos e recantos dos pátios e jardins de sua própria casa.

Já disse em outra ocasião que o amor pelos homens em geral, que a justiça e o talento de distribuir apropriadamente os castigos e recompensas são fundamentos sobre os quais devemos erguer todo o sistema da arte militar. Mas acrescento neste capítulo que um conhecimento exato do terreno é o que há de mais essencial entre os materiais que podemos empregar para um edifício tão importante à tranquilidade e à glória do Estado. Assim, um homem que o nascimento ou o trabalho parecem o destinar à honra de ser general deve empregar toda a sua atenção e seus esforços para se tornar hábil nessa parte da arte dos guerreiros.

Com um conhecimento exato do terreno, um general pode dar um jeito nas circunstâncias mais críticas. Pode conseguir a ajuda que precisa e impedir a que é enviada ao inimigo; pode avançar, recuar e estabelecer todos os seus passos como julgar melhor; pode dispor das marchas do inimigo para fazer com que avancem ou recuem à sua vontade; pode assediá-lo sem medo de ser surpreendido; pode incomodar de mil maneiras e evitar todos os danos que querem lhe causar; pode enfim acabar ou prolongar a campanha, de acordo com o que julgar mais cômodo para sua glória ou seus interesses.

Capítulo X | Do conhecimento do terreno

Você pode contar com uma vitória certa se conhecer todas as curvas e voltas, todos os altos e baixos, todas as entradas e saídas de todos os lugares que os dois exércitos podem ocupar, desde os mais próximos até os mais longínquos, pois com este conhecimento você saberá qual forma será mais apropriada às diferentes partes da sua tropa, qual o melhor momento para lutar ou se é melhor evitar a batalha, saberá interpretar a vontade do soberano segundo as circunstâncias[1], quaisquer que possam ser as ordens que tiver recebido. Você o servirá verdadeiramente seguindo suas ideias presentes, não contrairá nenhuma mancha que possa sujar sua reputação, não corre perigo de perecer vergonhosamente por ter obedecido[2]. Servir seu rei, ganhar vantagens para o Estado e a felicidade do povo é o que você deve ter sempre em vista. Complete este objetivo triplo e você terá conquistado seu propósito.

Em qualquer tipo de terreno em que esteja, você deve enxergar suas tropas como crianças ignorantes de tudo e que não sabem dar um passo sequer. Elas precisam ser conduzidas. Você deve vê-las, eu digo, como seus próprios filhos. Deve conduzi-las você mesmo, deve amá-las. Assim, se precisarem enfrentar o acaso, que seus homens não o enfrentem sozinhos, que sigam o seu exemplo. Se for o caso de morrerem, que morram, mas morra com eles.

---

1. Traduzindo ao pé da letra, ficaria: "Se você acredita que não deve arriscar o combate, não combata, por mais que tenha ordens de que deve começar a batalha. Se acreditar no contrário, que uma batalha o será muito vantajosa, comece-a com confiança, mesmo que seu soberano tenha ordenado que não o fizesse. Sua vida e sua reputação não correm risco algum, e você não terá cometido nenhum crime perante aquele cujas ordens quebrou". Já disse anteriormente que uma vez começada a campanha, a autoridade do general não tinha limites.

2. Já disse anteriormente que, nos princípios do governo chinês, um general infeliz é sempre um general culpado. Assim, se ele perder a batalha por ter obedecido às ordens que seu mestre o deu antes de sua partida, ele perecerá, não importa os bons motivos que pode alegar. Não diriam que ele apenas se conformou com as ordens recebidas, diriam que é covarde ou imbecil, diriam que deveria interpretar a vontade daquele que o colocou na liderança das tropas, diriam que não entende seu ofício, etc... Pois aqui, mais do que qualquer outro lugar, o soberano nunca está errado, até temos a máxima de que ele não sabe se enganar.

Digo que deve amar todos aqueles que estão sob seu comando como ama seus próprios filhos. Contudo, que não sejam filhos mimados. Serão assim se você não os corrigir quando merecerem, se, mesmo cheio de atenção, consideração e ternura por eles, você não conseguir os governar nem os utilizar como gostaria em caso de necessidade.

Em qualquer tipo de terreno que estiver, se você estiver a par de tudo sobre ele, se souber até mesmo onde atacar o inimigo, mas se ignorar se ele está em estado de defesa ou não, se está disposto a lhe receber bem, se ele tiver feito os preparativos necessários para qualquer evento, você só vencerá pela metade.

Mesmo tendo pleno conhecimento de todos os lugares, que saiba que os inimigos podem ser atacados, e por qual lado devem ser atacados, se você não tiver certos indícios de que suas próprias tropas podem atacar com vantagem, ouso lhe dizer que só vencerá pela metade.

Se estiver informado sobre o estado atual dos dois exércitos, se souber que suas tropas estão em estado de atacar com vantagem e que as do inimigo são inferiores em força e número, mas se não conhecer todos os cantos e recantos dos lugares circunvizinhos, pode ser que vença, mas garanto que só saberá vencer pela metade.

Aqueles que são verdadeiramente hábeis na arte militar fazem todas as suas marchas sem desvantagem, todos seus movimentos sem desordem, todos os seus ataques com golpes certeiros, todas as suas defesas sem surpresas, seus acampamentos com escolha, suas retiradas por sistema e com método. Conhecem suas próprias forças, sabem quais são as do inimigo, e são informados de tudo que é relativo aos locais.

Porte du

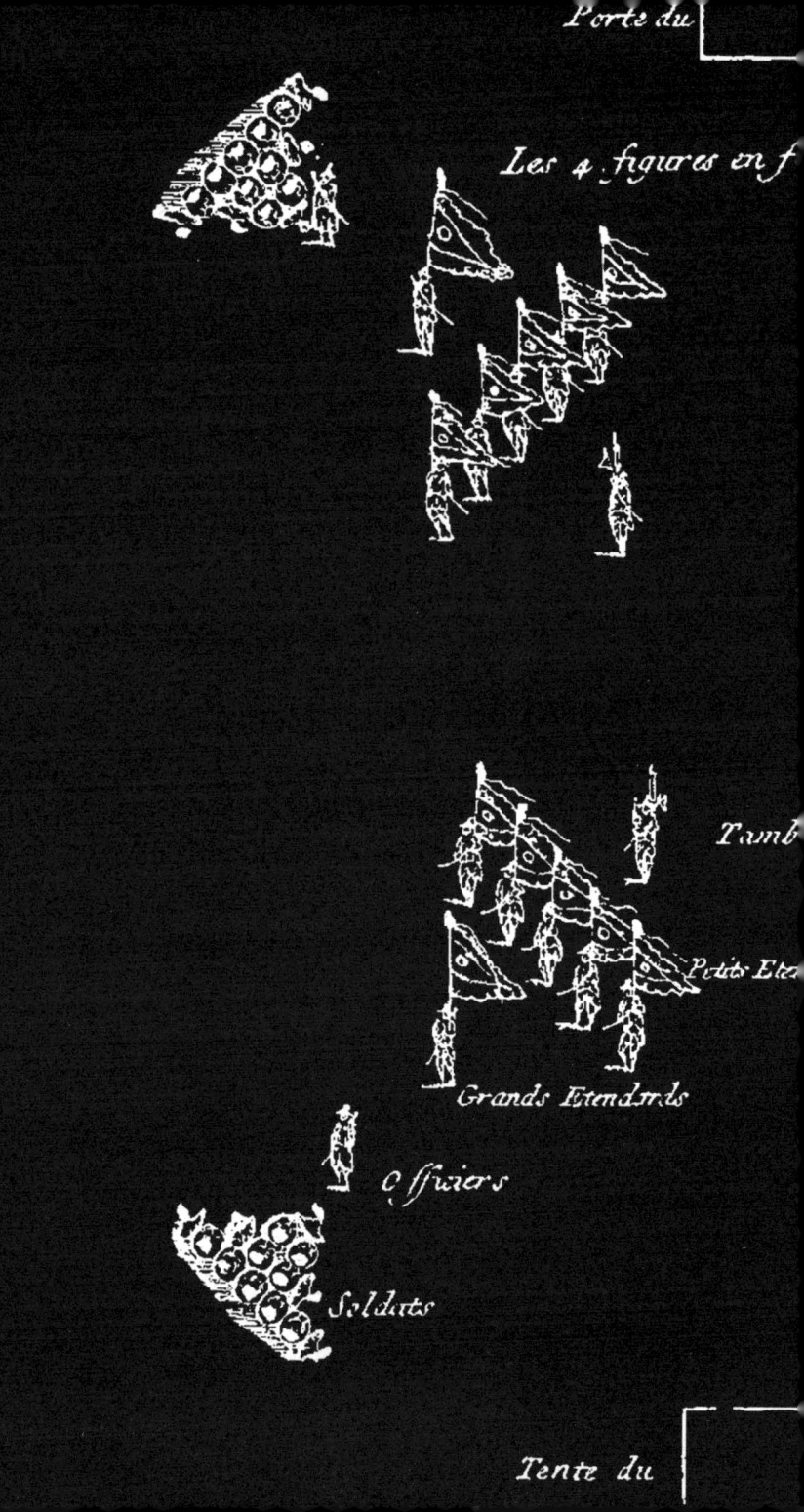

Les 4 figures en f

Tamb

Petits Eten

Grands Etendards

Officiers

Soldats

Tente du

idales

néral

Capítulo XI

Dos nove tipos de terreno[1]

1. Existem, disse o comentarista, nove tipos de terreno onde um exército pode se encontrar. Por consequência, existem nove tipos de locais sobre os quais ele pode lutar. Ainda por consequência, existem nove maneiras diferentes de empregar as tropas, nove maneiras de vencer o inimigo, nove maneiras de aproveitar suas vantagens e nove maneiras de se beneficiar com suas perdas. É para mostrar melhor a necessidade de conhecer bem o terreno que Sun Tzu retorna mais uma vez ao mesmo assunto, e coloca este capítulo imediatamente depois daquele em que trata expressamente do conhecimento do terreno.

Sun Tzu
disse:

Existem nove tipos de locais que podem ser vantajosos ou prejudiciais a um ou outro exército. 1º Os locais de divisão ou de dispersão. 2º Os locais leves. 3º Os locais que podem ser disputados. 4º Os locais de reunião. 5º Os locais cheios e unidos. 6º Os locais com várias saídas. 7º Os locais graves e importantes. 8º Os locais arruinados ou destruídos. 9º Os locais de morte.

Capítulo XI | Dos nove tipos de terreno

I. Chamo de lugar de divisão ou de dispersão aqueles que ficam perto das fronteiras dentro de nossas terras. As tropas que ficam muito tempo, sem necessidade, na vizinhança de seu lar são compostas de homens que têm mais vontade de perpetuar sua raça do que se expor à morte. À primeira notícia que tiver da aproximação dos inimigos, ou de qualquer batalha próxima, cada um deles fará tristes reflexões. A facilidade de retornar será uma tentação para muitos, eles sucumbirão e seu exemplo será mortal para a multidão. Primeiro terão panegiristas e depois imitadores. O exército não será mais um corpo uno, ele se dividirá em vários bandos, cada um reconhecendo apenas as ordens daqueles que os conduziram primeiro. Serão surdos à vontade do general e logo o abandonarão completamente sob diversos pretextos. Os mais constantes, quero dizer aqueles que não deixaram o grosso do exército, terão visões diferentes, e ficarão sempre divididos. O general não saberá mais qual partido tomar nem a que se comprometer, e todo o grande aparelho militar se dissipará e sumirá como uma nuvem levada pelos ventos[2].

II. Chamo de locais leves ou de leveza aqueles que ficam perto das fronteiras, mas nas terras inimigas. Este tipo de lugar não tem nada que possa se fixar. Podemos olhar sem cessar para trás, o retorno é fácil demais, e faz nascer a vontade de realizá-lo na primeira oportunidade. A inconstância e o capricho fazem inevitavelmente com que o desejo seja satisfeito.

---

2. O autor fala aqui em particular das tropas que eram fornecidas pelos pequenos soberanos das diferentes províncias que compõem hoje o império e que eram eles mesmos vassalos do império. Estes príncipes eram obrigados a fornecer ao império tropas sempre que fossem requisitados, mas essas tropas tinham seus próprios oficiais dos quais elas dependiam completa e absolutamente, fora em casos de batalha, cerco, acampamento e de qualquer outra operação militar que dependesse da totalidade do exército. Além dessas tropas, havia também os voluntários que podiam se retirar sob qualquer pretexto, depois de pedir ao general uma permissão que quase nunca era recusada.

III. Os locais que estão ao alcance dos dois exércitos, onde o inimigo pode encontrar sua vantagem tão bem quanto nós podemos encontrar a nossa, onde é possível fazer um acampamento cuja posição, independentemente se sua utilidade própria, pode prejudicar o partido oposto e impedir sua visibilidade. Estes tipos de lugares podem ser disputados, e devem mesmo ser.

IV. Por locais de reunião, entendo aquele por onde nós não podemos evitar a passagem, por onde o inimigo também não poderá evitar passar também, aquele ainda onde o inimigo, tão perto da fronteira dele quanto você está da sua, encontra, assim como você, a segurança em caso de infortúnio ou oportunidades de seguir a boa sorte, se o alcançar primeiro.

V. Os locais que chamo simplesmente de locais cheios e unidos são aqueles que, sendo grandes e espaçosos, podem servir igualmente para o acampamento dos dois exércitos, mas que não são próprios, por outras razões, para um combate geral, a menos que a necessidade o obrigue, ou que seja forçado pelo inimigo, que não te deixaria nenhum meio de evitá-lo.

VI. Os locais com várias saídas dos quais vou falar aqui são aqueles em particular que podem facilitar os diferentes apoios, e por onde os príncipes vizinhos podem ajudar a parte que gostariam de promover.

VII. Os locais que chamei de graves e importantes são aqueles que se encontram dentro dos Estados inimigos e estão cercados por todos os lados de cidades, fortalezas, montanhas, desfiladeiros, água,

CAPÍTULO XI | DOS NOVE TIPOS DE TERRENO

pontes para atravessar, campos áridos para percorrer, ou qualquer outra coisa dessa natureza.

VIII. Os locais onde tudo estaria apertado, onde uma parte do exército não conseguiria ver a outra nem socorrê-la, onde há lagos, pântanos, torrentes, ou algum rio ruim, onde não se pode marchar sem muita fadiga e grandes constrangimentos, onde se pode chegar apenas por pelotão, são os que eu chamo de arruinados ou destruídos.

IX. Enfim, pelos locais de morte eu entendo todos aqueles onde nos encontramos de tal modo reduzidos, que qualquer escolha que fizer será sempre perigosa. Entendo os locais nos quais, se lutamos, corremos evidentemente o risco de sermos derrotados, nos quais se ficarmos parados, chegaremos ao ponto de morrer de fome, miséria ou doença. Os locais, em outras palavras, onde não podemos ficar e de onde não podemos sair sem muita dificuldade.

Tais são os nove tipos de terrenos dos quais eu tinha que lhe falar. Aprenda a conhecê-los para desafiá-los ou para tirar vantagens.

Enquanto estiver em locais *de divisão*, contenha bem suas tropas, mas, sobretudo, jamais entre em uma batalha, por mais favorável que as circunstâncias possam parecer. A visão da pátria e a facilidade de retornar ocasionariam muita covardia, e logo as campanhas estariam cheias de fugitivos.

Se estiver em locais *leves*, não faça seu acampamento. Seu exército ainda não tomou nenhuma cidade, nenhuma fortaleza nem nenhum posto importante dentro do território inimigo, não havendo atrás de você nenhum dique que possa pará-lo, vendo as dificuldades, as penas e os vexames para ir além, não há dúvidas de que ficaria tentado a preferir o que lhe parece mais fácil ao que lhe parece difícil e cheio de perigos. Se você reconhecer que esses tipos de locais que lhe parecem ser *disputados*, comece tomando posse deles. Não dê ao inimigo tempo de reconhecer, empregue toda a sua diligência, faça todos os esforços para ter a posse completa, mas não lute para afastar o inimigo. Se descobrir com antecedência, seja sutil para deslocar o inimigo, e uma vez posicionado lá, não se desloque.

Para os locais de *reunião*, trate de chegar antes do inimigo. Faça com que sua comunicação fique livre por todos os lados, que seus cavalos, seus carros e toda a sua bagagem possam ir e vir sem perigo. Não esqueça nada que esteja a seu alcance para lhe assegurar a boa vontade dos povos vizinhos. Procure-a, exija-a, compre-a, obtenha-a a qualquer preço que seja, pois ela será necessária para garantir que seu exército tenha tudo que precisará. Se tudo abunda do seu lado, é bem provável que a escassez reine do lado inimigo. Nos locais *cheio e unidos*, espalhe-se com calma, dê-se espaço, faça os abrigos necessários para se proteger de qualquer surpresa e espere tranquilamente que o tempo e as circunstâncias lhe abram o caminho para realizar uma grande ação.

Se você estiver ao alcance de locais que têm *várias saídas*, onde se pode chegar por vários caminhos, comece por estudá-los bem. Que nada escape a suas pesquisas. Conquiste todas as avenidas, não negligencie nenhuma, não importa o quão importante pareçam a você, e proteja todas cuidadosamente.

Capítulo XI | Dos nove tipos de terreno

Se você se encontrar em lugares *graves e importantes*, faça-se mestre de tudo ao seu redor, não deixe nada para trás, o menor dos postos deve ser levado. Sem essa precaução, você corre o risco de ficar em falta de alimentos necessários para manter o seu exército, ou de se ver nos braços do inimigo quando menos espera e ser atacado por vários lados ao mesmo tempo.

Se estiver em locais *arruinados ou destruídos*, não avance mais, retorne por onde veio o mais rápido possível.

Se estiver nos locais *de morte*, não hesite em entrar em combate imediatamente. Vá direto ao inimigo, quanto mais cedo, melhor.

Tal é a conduta que tinham nossos antigos guerreiros. Esses grandes homens, hábeis e experientes em sua arte, tinham por princípio que a maneira de atacar e de se defender não devia ser invariavelmente a mesma, que ela devia ser escolhida pela natureza do terreno que ocupavam e pela posição em que se encontravam. Diziam ainda que a dianteira e a traseira de um exército não deviam ser comandadas da mesma maneira[3], que a multidão e o pequeno número não podiam combinar por muito tempo, que os fortes e os fracos, quando estiverem juntos, não tardam a se desunir, que os altos e os baixos não podem ser igualmente úteis, que as tropas estreitamente unidas podem facilmente se dividir mais do que aquelas que foram uma vez divididas e se reunirão com muita dificuldade. Repetiam sem cessar que um exército não deve jamais se colocar em movimento sem a certeza de estar tranquilo e proteger o acampamento.

---

3. O comentarista diz: Os antigos tinham por máxima não atacar a cabeça e o fim de um exército com os mesmos planos e o mesmo vigor. Diziam que era necessário *combater a cabeça e penetrar o fim*, etc. Acredito que o comentarista não conseguiu captar aqui a verdadeira ideia do autor.

Para reunir sob um mesmo ponto de vista a maioria das coisas que foram ditas no último capítulo e naqueles que o precederam, eu direi que toda a sua conduta militar deve ser regulada seguindo as circunstâncias, que você deve atacar ou se defender segundo o palco da guerra que você ou o inimigo ocupam.

Se a guerra for feita dentro de seu próprio país, o inimigo, sem ter lhe dado o tempo de fazer todos os preparativos, vem com todas as forças para invadi-lo ou desmembrá-lo, ou causar danos, recolha prontamente o máximo de tropas que puder, envie pedidos de ajuda aos vizinhos e aliados, tome os lugares que podem ser úteis ao inimigo, que são melhores à sua conduta, e sobre aqueles que julgar que ele tem vista, coloque em estado de defesa, faça de tudo para ocupá-lo e para você ganhar tempo para fazer outros preparativos. Coloque uma parte de seus cuidados para impedir que o exército inimigo possa receber alimentos, bloqueie-lhe todos os caminhos, ou ao menos faça com que não consiga passar por eles sem emboscadas, o sem que seja obrigado a empregar a força. Os camponeses e moradores dos vilarejos podem lhe ser de grande ajuda nessa tarefa e lhe servir muito mais utilmente do que as tropas regradas. Faça com que entendam somente que devem impedir que os sequestradores injustos tomem todas as suas posses e levem seus pais, suas mães, suas esposas e seus filhos. Não fique apenas na defensiva, envie grupos para remover comboios, assediar, cansar, atacar às vezes de um lado, às vezes do outro. Force seu injusto agressor a se arrepender de sua imprudência, obrigue-o a voltar sob seus passos carregando apenas a vergonha de não conseguir lhe causar danos.

Capítulo XI | Dos nove tipos de terreno

Se você está guerreando no país inimigo, só divida a suas tropas muito raramente, ou, melhor ainda, não as divida jamais. Que elas estejam sempre reunidas e em estado de se ajudar mutuamente. Tenha cuidado para que estejam sempre em locais férteis e abundantes. Se elas sofrerem a fome, a miséria e as doenças, será mais devastador do que anos sob o ferro inimigo. Busque pacificamente todas as ajudas que precisar. Só empregue a força quando outras vias se mostrarem inúteis. Faça de modo que os habitantes das vilas e os camponeses possam encontrar seus interesses vindo eles mesmos lhe oferecerem seus alimentos, mas, eu repito, que suas tropas não sejam jamais divididas. Quando o resto está em pé de igualdade, será 50% mais forte quando se combate em casa. Se você lutar em território inimigo, considere essa máxima, principalmente se estiver um pouco longe do seu território. Conduza seu exército inteiro, faça todas as suas operações militares no maior segredo, quero dizer que ninguém possa penetrar suas formações. É suficiente saber o que quer fazer quando a hora da execução chegar.

Pode acontecer de que fique reduzido algumas vezes a não saber aonde ir ou para qual lado virar. Neste caso, não se precipite, espere o tempo e as circunstâncias, fique firme no lugar onde está. Pode acontecer ainda de você se encontrar mal engajado. Tenha cuidado para não fazer uma fuga vergonhosa, ela causará sua perda. Perecer é melhor do que se retirar, pelo menos perecerá em glória, contudo faça com que tenha bom conteúdo. Seu exército acostumado a ignorar seus planos, ignorará também o perigo que o ameaça. Acreditará que você tem suas razões e lutará com a mesma ordem e valor que você mostrar depois de tanto tempo em batalha. Se nesse tipo de ocasião não houver nada abaixo de você, seus soldados redobrarão a força, a coragem e o valor, sua reputação se tornará brilhante e seu exército acreditará ser invencível sob as ordens de um chefe como você.

Mesmo que a situação e a circunstância em que se encontrar possam parecer críticas, não se desespere. São nas ocasiões onde tudo é razão para temer que não se deve temer nada, é no ambiente onde tudo é perigoso que não é necessário sentir medo, é quando estamos sem nenhum recurso que devemos contar com todos, é quando estamos surpresos que devemos surpreender o inimigo. Instrua assim as suas tropas para que possam estar prontas sem preparativos, para que possam encontrar grandes vantagens onde não procuraram nenhuma, que sem ordens particulares de sua parte elas estejam sempre em ordem, e sem defesa expressa elas parem por conta própria tudo que seja contra a disciplina.

Esteja atento, com extremo cuidado, para que não semeiem barulhos falsos, corte pela raiz as reclamações e murmúrios e não permita que vejam agouros sinistros de qualquer coisa que possa acontecer de extraordinário[4]. Ame suas tropas, dê-lhes todas as seguranças, todas as vantagens, todas as comodidades que possam precisar. Se elas secam com fadigas rudes, não é porque isso as agrada. Se aguentam a fome, não é porque não se importam com comida. Se elas se expõem à morte, não é porque não amam a vida. Faça em você mesmo reflexões sérias sobre tudo isso.

---

4. Um dos comentaristas explica a ideia do autor da seguinte maneira: *Se os adivinhos ou os astrólogos do exército preverem a felicidade, aceite a decisão. Se falarem de maneira enigmática, interprete positivamente. Se hesitarem ou não falarem coisas vantajosas, não os escute, cale-os.* Um outro comentarista explica em menos palavras mas de maneira mais enérgica o que acreditava ser o que Sun Tzu queria dizer: *No caso de qualquer fenômeno, ordene aos astrólogos e adivinhos que predigam a felicidade.*

Capítulo XI | Dos nove tipos de terreno

Quando tiver arrumado tudo em seu exército e todas as suas ordens tiverem sido dadas, se acontecer de suas tropas sentadas casualmente mostrarem marcas de dor, se chegarem a derramar lágrimas, tire-as prontamente desse estado de entorpecimento e letargia, dê-lhes banquetes, faça-as escutarem o barulho do tambor e outros instrumentos militares, exercite-as, faça-as realizar evoluções, faça-as mudar de lugar, leve-as mesmo a lugares um pouco difíceis, onde deverão trabalhar e sofrer.

Imite a conduta de Chuan Chu e de Cao Guei[5], você mudará o coração de seus soldados, os acostumará ao trabalho, eles se endurecerão, nada os custará a seguir. Os quadrúpedes empacam quando são carregados com peso em excesso, se tornam inúteis quando são forçados. Os pássaros, ao contrário, querem ser obrigados para ser úteis. Os homens ficam entre os dois, eles devem carregar, mas não ficarem sobrecarregados; devem até ser forçados, mas com discrição e medida.

Se quiser aproveitar ao máximo seu exército, se quiser que ele seja invencível, faça com que se pareça com Chouai-jen. O Chouai-jen é uma espécie de serpente grande que se encontra na montanha de Tchang-chan[6]. Se batermos na cabeça da serpente, no mesmo instante seu rabo vai ao auxílio e se enrola sobre a cabeça. Quando batemos no rabo, a cabeça vira imediatamente para defendê-lo. Quando batemos no meio ou qualquer outra parte de seu cor-

---

5. Tchouan-Tchou e Tsao-kouei eram dois personagens que raramente são recriminados exceto por seus truques e crueldade, citados em alguns detalhes nas histórias. O primeiro era do reino de Wu, em Tche-Kiang, e o segundo, do reino de Lou, em Chan-Tong. Não vejo como Sun Tzu ousa propor que os generais que deseja formar tomem tais homens como modelo. Talvez existam alguns detalhes de suas vidas aos quais queira fazer alusão quando recomenda que os generais imitem sua conduta.
6. Tchang-chan é uma famosa montanha em Chan-tong, e é dela que falam aqui. Existem outras com o mesmo nome em outras províncias.

po, a cabeça e o rabo se reúnem. Mas isso pode ser praticado por um exército? – dirá alguém. Sim, pode ser praticado e de fato deve.

Alguns soldados do reino de Wu se encontraram um dia atravessando um rio em mesmo tempo que outros soldados do reino de Yueh[7] o atravessavam também. Um vento impiedoso soprou, as barcas viraram, e os homens estariam todos perdidos se não se ajudassem mutuamente. Não pensaram ali que eram inimigos, ao contrário, fizeram tudo que pode ser esperado de uma amizade terna e sincera. Eu relembro essa história para fazê-lo entender que não somente os diferentes corpos de seu exército devem se ajudar mutuamente, mas que é preciso proteger seus aliados, que ajude também os povos conquistados que precisem, pois se são submissos a você, é porque não têm outra saída, se o soberano deles lhe declarou guerra, não é culpa deles. Ajude-os e em troca eles o ajudarão também.

Em qualquer país que esteja, qualquer local que ocupe, se em seu exército existirem estrangeiros, ou se, entre os povos vencidos, você tiver escolhido soldados para aumentar o número de suas tropas, não permita que sejam mais fortes ou mais numerosos que seu próprio povo. Quando prendemos vários cavalos num mesmo posto, evitamos prender os que são indomados, ou todos juntos, ou com outros em menor número que eles, pois deixariam tudo em desordem, mas quando são domados, seguem facilmente o bando.

Em qualquer posição que possa estar, se seu exército por inferior àquele dos inimigos, somente sua conduta, se ela for boa, pode lhe

---

7. O reino de Yueh ocupava uma parte de Tche-Kiang, uma parte de Fou-kien e uma parte de Koang-si. Já falei anteriormente do reino de Wu.

dar a vitória. **De que lhe serviria** estar em um local vantajoso se não souber aproveitar sua posição? De que lhe serviria a bravura sem prudência, **o valor sem a astúcia**? Um bom general aproveita tudo, e isso só é **possível porque faz** todas as suas operações em segredo, sabe conservar **o sangue frio**, governa com justiça de maneira que seu exército **constantemente** tem orelhas enganadas e olhos fascinados. Ele faz **tão bem que** as tropas não sabem nunca o que devem fazer e quais serão **as ordens**. Se os eventos mudam, ele muda de conduta. Se seus **métodos, seu sistema** têm inconvenientes, ele os corrige assim que os **percebe e como** quiser. Se seu próprio povo desconhece seus planos, **como os inimigos** poderão descobri-los?

Um general **hábil** sabe com antecedência o que deve fazer, e todos os outros **devem ignorar** absolutamente. Tal era a prática dos nossos **antigos guerreiros** que são os mais distintos na arte sublime do governo. Se **quiserem tomar** uma cidade de assalto, só falam isso quando estiverem **aos pés dos muros**. Eles sobem primeiro e todos os seguem, e **quando estiverem** todos sobre a muralha, eles quebram todas as escadas. **Se estivessem** em terras aliadas, eles redobravam a atenção e o **segredo. Conduziam** seus exércitos a todos os lugares como um **pastor conduz o rebanho**. Os faziam ir aonde queriam, os faziam **retraçar os passos**, os faziam retornar, tudo sem reclamações, sem resistência **da parte de ninguém**.

A principal **ciência de um** general consiste em conhecer bem os nove tipos **de terrenos**, a fim de poder aplicar as nove mudanças. Ela consiste **em saber estender** e redobrar suas tropas segundo os locais e as **circunstâncias, trabalhar** de forma eficaz para esconder suas próprias intenções e descobrir as do inimigo, ter por máxima certeza que as tropas são unidas entre elas quando estiverem em terras inimigas e se dispersem facilmente quando estiverem na fronteira; que elas já têm meia vitória quando dominarem todas as entradas e saídas, tanto do local onde devem acampar como da localização do acampamento inimigo; que é um começo de sucesso que é poder acampar em um terreno vasto, espaçoso e aberto por todos os lados, mas que é quase vencer quando das posses inimigas forem tomadas, todos os pequenos postos, todos os caminhos e todas as vilas que estão ao longo dos quatro cantos, e que por suas boas maneiras, ganharem a afeição daqueles que querem vencer ou que já venceram.

Instruído pela experiência e por minhas próprias reflexões, eu tentei, quando comandava os exércitos, reduzir em prática tudo o que expliquei aqui. Quando estava em locais de *divisão*, eu trabalhava a união de seus corações e a uniformidade de sentimentos. Quando estava em *locais leves*, eu reunia meu povo e os ocupava utilmente. Quando se tratava de *locais que podemos disputar*, eu o dominava primeiro quando podia, se o inimigo me precedesse, eu ia até ele e usava artifícios para deslocá-lo. Quando era uma questão de *locais de reunião*, eu observava tudo com extrema diligência e via o inimigo se aproximar. Em um terreno *cheio e unido*, eu me estendia facilmente e impedia o inimigo de ocupá-lo. Nos *locais com várias saídas*, quando me era impossível para ocupar tudo, ficava alerta, observando o inimigo de perto e não o perdia de vista. Nos *locais graves e importantes*, alimentava bem os soldados, e os acabava com carícias. Nos *locais arruinados ou destruídos*, tentava evitar humilhações às vezes fazendo desvios, às vezes preenchendo as lacunas. Enfim, nos *locais de morte*, eu mostrava ao inimigo que não estava buscando a vida. As tropas bem disciplinadas não se

Capítulo XI | Dos nove tipos de terreno

deixam jamais **serem capturadas, elas** redobram os esforços nas extremidades, enfrentam **os perigos sem** medo, se defendem com vigor e perseguem o inimigo **sem desordem**. Se as tropas que você comanda não são assim, **é sua culpa. Você não** merece liderá-las.

Se você não **sabe o número de** inimigos contra o qual deve lutar, se não sabe suas **forças e suas fraquezas**, não conseguirá nunca fazer os preparativos **nem as disposições** necessárias para conduzir seu exército, e não **merece comandá**-lo.

Se você ignora **onde há montanhas** e colinas, lugares secos ou úmidos, lugares **íngremes ou cheios de** corredores, lugares pantanosos ou cheios **de perigos, você não** saberá dar as ordens apropriadas, nem saberá **conduzir seu exército**. Você é indigno de comandar.

Se você não **conhece todos** os caminhos, se você não tiver o cuidado de se munir **de guias competentes** e fiéis para conduzi-lo pelos caminhos que **desconhece, você não** alcançará seu objetivo e será enganado pelos **inimigos. Você não** merece comandar.

Se você não **souber combinar** quatro e cinco de uma vez[8], suas tropas não saberão **andar lado a lado** com aquelas dos *pa* e dos *ouang*[9].

Quando os *pa* e os *ouang* guerrearem contra qualquer grande rei, eles se unirão **uns com os outros**, tentarão perturbar todo o universo[10], colocarão **de seu lado o maior** número de pessoas possível, pro-

---

8. Um comentarista disse: *Se você não souber combinar quatro e cinco todas as vezes, ou seja, se você não souber tirar proveito das diferentes posições onde pode se encontrar, etc.*

9. As palavras *pa* e *ouang* eram títulos dados aos pequenos senhores feudais do império. A palavra *ti* era o título dado ao imperador somente.

10. Tentavam perturbar todo o universo, ou seja, todo o império, pois os chineses chamavam seu império de Tien-hia, universo; ou aquilo que está sob o Céu.

curarão a amizade dos vizinhos, e a comprarão caro quando necessário. Não darão ao inimigo tempo de se reconhecer, e menos ainda de recorrer a aliados e reunir todas as suas forças, atacarão quando não havia ainda um estado de defesa, assim, se fizerem o cerco de uma cidade, se tornarão mestres de maneira certeira. Se quiserem conquistar uma província, ela era deles. Qualquer grande vantagem que já tiverem conquistado, não abrirão mão, não deixarão nunca seu exército se enfraquecer com ócio ou excessos, manterão uma disciplina exata, punirão severamente quando o caso exigir, darão generosamente recompensas quando a ocasião pedir. Além das leis normais da guerra, farão as particulares, de acordo com as circunstâncias de tempo e local.

Você quer vencer? Tome por modelo de sua conduta aquela que acabei de expor. Veja seu exército como um único homem que você tem a tarefa de conduzir, não justifique a ele jamais sua maneira de agir. Mostre a ele todas as vantagens, mas esconda com cuidado todas as suas perdas. Faça todas as suas marchas em grande segredo. Descubra todas as marchas do inimigo, não deixe de tomar todas as medidas mais eficazes para garantir a captura do general, tente tê-lo vivo ou morto[11]. Não divida jamais suas forças. Não se deixe abater com a visão do perigo, não importa o quão grande seja. Seja vitorioso ou morra gloriosamente. Assim que seu exército estiver além das fronteiras, faça com que fechem as avenidas, rasgue a par-

---

11. O texto diz expressamente *Mate o general deles*, mas os comentaristas aliviaram um pouco a expressão. No mais, essa máxima ainda tem bastante crédito hoje entre os *chineses manchu*. Desde o começo da campanha, eles tendem a se tornar mestres dos chefes do partido inimigo, e a lhes tomarem mortos ou vivos, ou pela força ou por artifício. A razão que usam para justificar esse costume é que *nós só lutamos contra rebeldes*. É com esse nome que chamam todos os vizinhos que não querem reconhecer o imperador como seu legítimo soberano.

Capítulo XI | Dos nove tipos de terreno

te do selo que está em suas mãos[12], não sofra quando escrever ou receber notícias[13].

Reúna o seu conselho no local destinado a honrar os ancestrais[14], e lá, na presença de todos, proclame que está disposto a evitar tudo que possa fazer a vergonha cair sobre eles. Depois disso, dirija-se ao inimigo.

12. Os generais tinham em mãos metade de um dos selos do império, cuja outra metade ficava nas mãos do soberano ou de seus ministros. Quando recebiam ordens, essas ordens eram seladas com metade do selo, que juntavam com a metade deles para se assegurar de que não tinham sido enganados. Mas quando essa metade do selo estava rasgada ou rompida, eles não tinham mais ordens para receber. Os inconvenientes que aconteciam por conta de ordens contrárias aos interesses do Estado e às verdadeiras intenções do soberano obrigaram a este costume. Pensavam que um general escolhido por um príncipe esclarecido é um homem com o qual podem contar. Presume-se, diziam, que ele fará tudo que puder para alcançar os objetivos. Ele está em cena, vê tudo, e sabe tudo por si mesmo ou por via de seus emissários. Podemos então crer razoavelmente que está em melhor estado de julgar sabiamente do que um ministro que jamais saiu da esfera da corte poderia, que frequentemente tem interesses diferentes do que aqueles de seu soberano ou do Estado. Tal é o raciocínio que fazem os chineses.

13. Outra máxima que a política chinesa enxerga como sendo de extrema importância é aquela pela qual é proibido àqueles que estão no exército de escrever sobre o que se passa em frente a seus olhos a parentes e amigos. Com isso, os oficiais-generais são os mestres de escrever ao soberano tudo o que quiserem, da maneira que julgarem melhor, sem correr o risco de ver sua reputação desgastada por relações dissimuladas ou falsas feitas frequentemente sem aviso por oficiais subalternos que lhes atribuem intenções que jamais tiveram, planos mal concebidos que jamais criaram e uma conduta geral que só existe em sua imaginação.

Todos os oficiais-generais têm o direito de se dirigir imediatamente ao imperador. Há até momentos de circunstâncias nos quais o devem fazer por obrigação. Quando têm qualquer fato a anunciar ou a contar qualquer notícia à corte, combinam anteriormente entre eles a maneira de não esconder o que é apropriado dizer e de não dizer o que deve ser escondido. É difícil que possam todos concordar em enganar seu mestre em um assunto de consequência, assim pode-se pensar razoavelmente que o imperador está bastante ciente da verdade, mas como ele é o único que sabe fora do exército, ele só passa ao público o que julgar apropriado. É necessário compor nas notícias mais ou menos favoráveis segundo as circunstâncias. Ele é parabenizado pelos príncipes, os grandes e principais mandarins do império, sobre os sucessos quiméricos que ele aplaude aos olhos de seus súditos. São inseridos nos relatos para servir um dia de material para a história de seu reinado. Se os exércitos, depois de várias campanhas, forem enfim vitoriosos, todos os sucessos anunciados em detalhes são considerados constantes. Ele fez a paz, ou, como dizem aqui, ele perdoou os povos vencidos, os dá presentes para os anexarem, os faz prometer uma submissão inviolável e eterna. Se, ao contrário, as tropas forem vencidas, ele corta algumas cabeças dizendo que o enganaram. Envia novos generais com somas consideráveis para reparar as perdas e, depois de uma campanha, tudo é obediente, tudo entra em ordem. O segredo de tudo isso é conhecido apenas por alguns grandes do conselho secreto de Sua Majestade, e o resto do império sempre é persuadido de que o grande mestre que governa a China só precisa querer controlar o resto do universo. Os oficiais e soldados que se encontram recompensados ao retornarem, são elogiados como heróis, não passa pela sua cabeça contradizer seus panegiristas. Tal é a política que os chineses colocam em prática hoje. Era a mesma no passado? É o que parece, mas não ouso garantir.

14. O uso dos chineses, tanto os antigos como os modernos, sempre foi de ter cada um em sua casa um local destinado a honrar os ancestrais. Entre os príncipes, os grandes, os mandarins e todos aqueles que estão tranquilos e têm um grande número de aposentos, é uma espécie de capela doméstica na qual ficam os retratos ou os altares de todos os seus ancestrais, desde aquele que contam como o chefe da família até o morto mais recente, ou somente o retrato ou altar do chefe, representando todos os outros. Esta capela ou sala não tem absolutamente nenhum outro uso. Toda a família se reúne em tempos determinados para fazer as cerimônias habituais. Ela vai até lá sempre que se trata de uma empresa de consequência, de qualquer fa-

Antes que a campanha comece, seja como uma jovem que sai de casa. Ela se ocupa dos afazeres domésticos, tem o cuidado de preparar tudo, ela vê tudo, escuta tudo, faz tudo, ela não interfere em nenhum assunto apenas por aparência. Uma vez começada a campanha, você deve ter a prontidão de uma lebre que, perseguida por caçadores, tenta, com mil retornos, encontrar enfim sua toca para se refugiar em segurança.

---

vor recebido, de qualquer infelicidade afastada, em outras palavras, para advertir os ancestrais e lhes colocar a par dos bens e males que acontecem.

Aqueles que estão apertados e só têm a quantidade de aposentos necessária para abrigar os vivos, se contentam em colocar em um dos cantos de seu aposento interior, se tiverem vários, um simples altar que representa os ancestrais, ao qual eles prestam suas homenagens e na frente do qual eles fazem todas as cerimônias que acabei de contar. Nos campos e exércitos dos antigos chineses, o general tinha em sua tenda, ou próximo de sua tenda, um local destinado para o altar dos ancestrais. Os oficiais generais se reuniam lá, 1º começando a campanha; 2º quando começava o cerco de qualquer lugar; 3º na véspera de uma batalha, enfim, todas as ocasiões de uma grande ação. Lá, após as prostrações e outras cerimônias, ele declarava ou avisava o que estava prestes a acontecer. Ele protestava em voz alta que em toda a sua conduta não faria nada contrário à honra, à glória e aos interesses do Estado, que não esqueceria nada para se mostrar digno dos descendentes daqueles cuja vida tinha em mãos. Cada chefe de corpo fazia o mesmo na liderança de quem comandava em seu próprio quartel. Talvez seja dessa cerimônia que os chineses nomearam o sermão militar. Terei a ocasião de falar sobre isso a seguir.

Tambours   Tambour

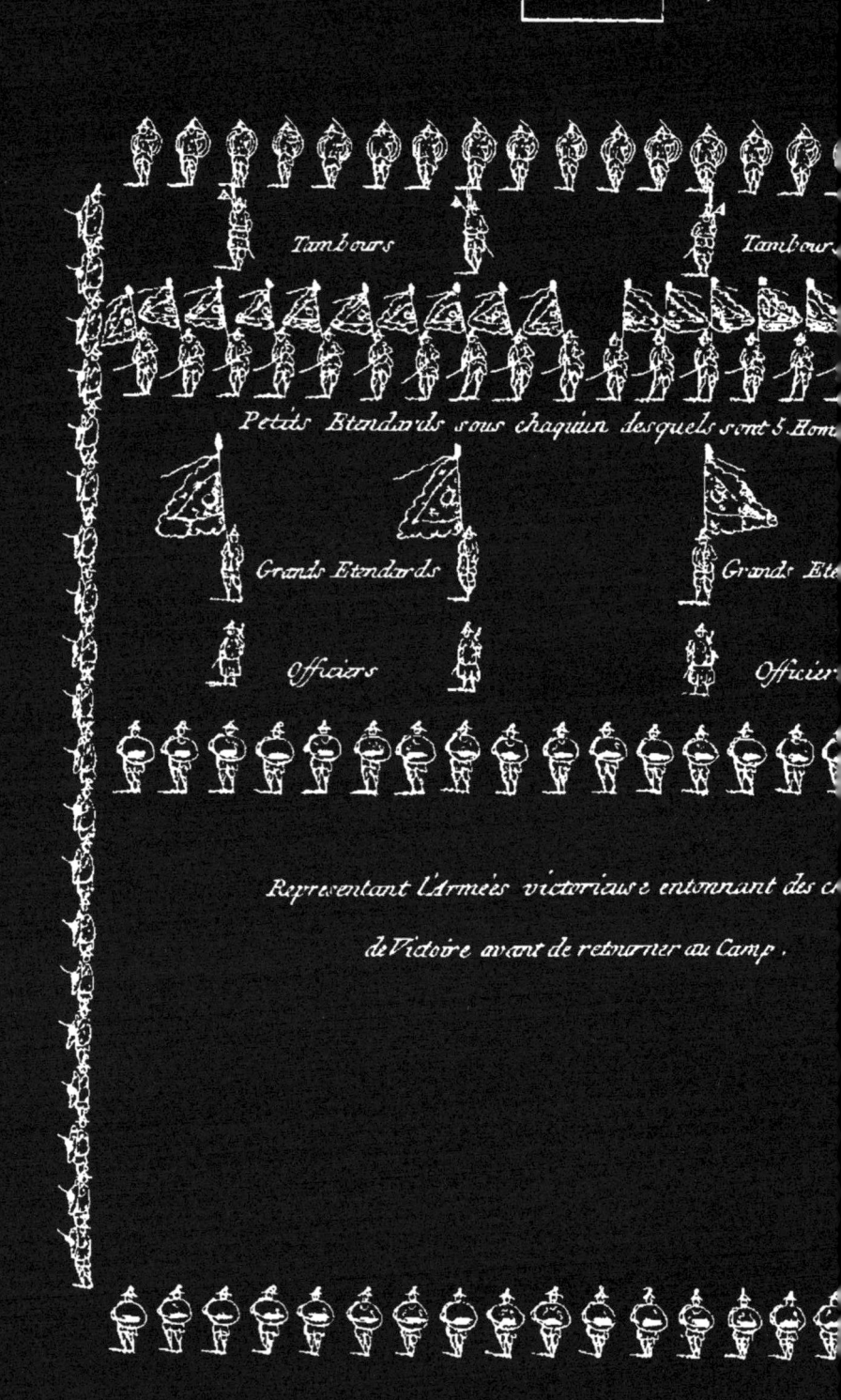

Petits Etendards sous chaquun desquels sont 5 Hom

Grands Etendards   Grands Ete

Officiers   Officier

Representant l'Armées victorieuse entonnant des c

de Victoire avant de retourner au Camp.

Tente du   Général

rs   Tambours

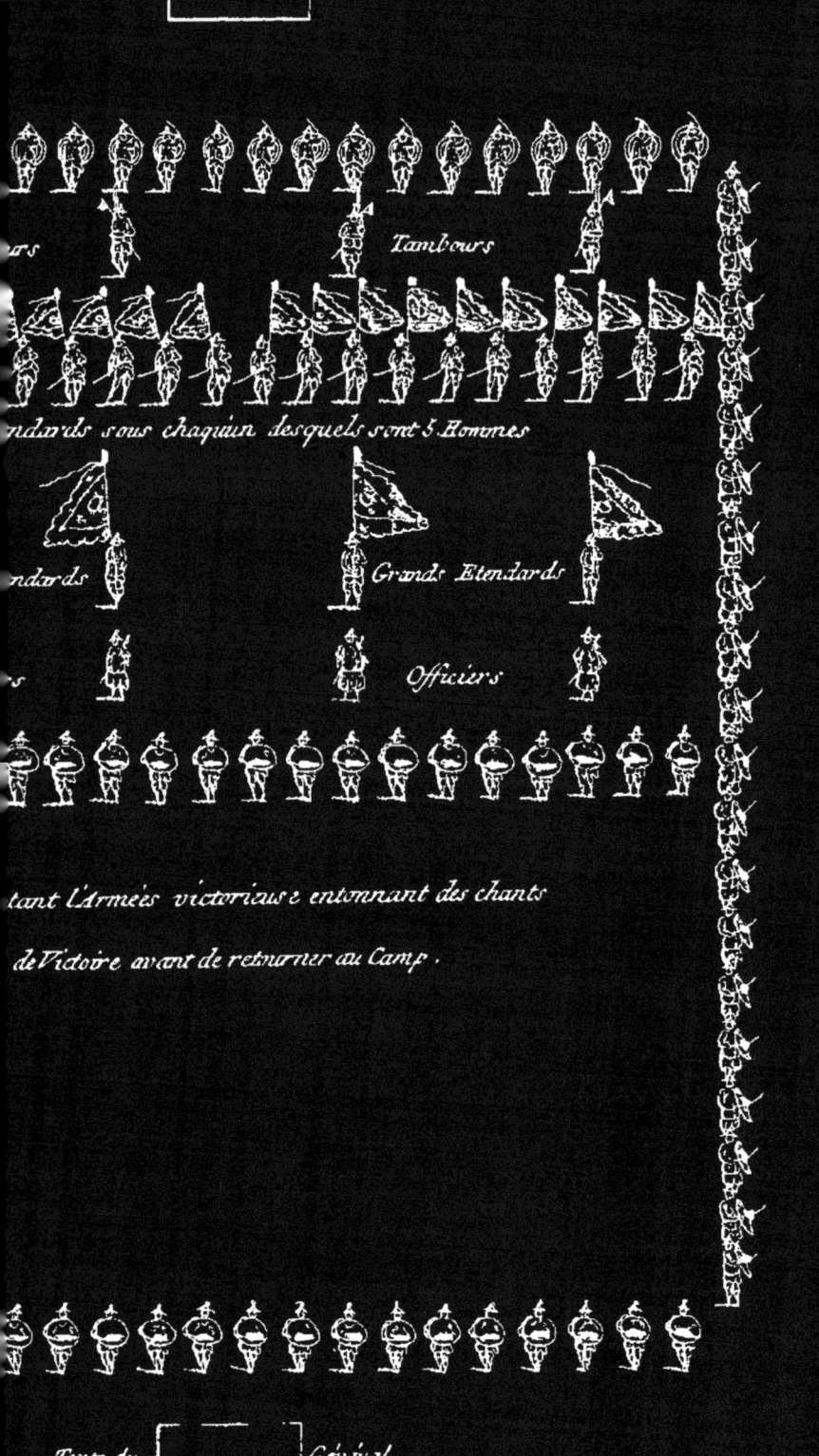

ndards sous chaquun desquels sont 5 Hommes

ndards   Grands Etendards

s   Officiers

tant L'Armeé s victorieuse entonnant des chants

de Victoire avant de retourner au Camp.

Tente du   Général

Capítulo XII

Das especificidades de se lutar com fogo

Sun Tzu
DISSE:

As diferentes maneiras de se combater com fogo se reduzem a cinco. A primeira consiste em queimar os homens; a segunda, em queimar as provisões; a terceira, em queimar as bagagens; a quarta, em queimar os armazéns; e a quinta, em queimar os equipamentos[1].

---

1. Os comentaristas explicam aqui as cinco maneiras de combater com fogo. A primeira consiste, dizem, em colocar o fogo dentro de todos os lugares onde estão os inimigos, tal como o acampamento, as vilas, os campos, geralmente todos os lugares onde podem conseguir ajuda. A segunda consiste em *queimar as provisões*, ou seja, as ervas, os legumes, ou outras coisas parecidas que servem para alimentar os homens, e as forragens, grãos, etc, usados para alimentar cavalos e outros animais de carga. A terceira consiste em *queimar as bagagens*, ou seja, as carruagens, o dinheiro, os utensílios, etc. A quarta consiste em *queimar os armazéns*, ou seja, todos os depósitos de grãos. A quinta consiste em *queimar os equipamentos*, ou seja, os cavalos, as mulas, as armas, os estandartes, etc.

Capítulo XII | Das especificidades de se lutar com fogo

Antes de empreender neste tipo de combate, é necessário prever tudo, ter feito o reconhecimento da posição dos inimigos, se colocar a par de todos os caminhos por onde ele poderá escapar ou receber ajuda, se munir do material necessário para a execução do projeto, e que o tempo e as circunstâncias sejam favoráveis.

Prepare primeiro todos os materiais combustíveis[1] que quer utilizar. Assim que acender o fogo, preste atenção na fumaça. Existe a hora de acender o fogo e a hora de fazê-lo explodir, não confunda essas duas coisas. A hora de acender o fogo é aquela em que tudo está tranquilo sob o Céu, ou a serenidade parece ser duradoura. O dia de fazê-lo explodir é aquele em que a lua se encontra sob qualquer uma dessas quatro constelações: Ki, Pi, Y ou Tchen[2]. É raro neste momento que o vento não sopre, e frequentemente sopra com força.

As cinco maneiras de se combater com fogo exigem da sua parte uma conduta que varia segundo as circunstâncias: essas variações se reduzem a cinco. Eu as indicarei a fim de que você possa empregá-las na ocasião.

1º Quando acender o fogo, se, depois de um tempo, não houver nenhum rumor no campo inimigo, se tudo estiver tranquilo do lado dele, fique tranquilo você também, não inicie nada, atacar impru-

---

1. Esses materiais combustíveis, dizem os comentaristas, são o pó de canhão, os óleos, as gorduras, as ervas secas, tais como artemísia, juncos e similares.
2. A constelação chinesa *Ki* é composta de quatro estrelas, das quais a primeira é aquela ao pé de Sagitário, duas outras são estrelas de seu arco, e a quarta é a ponta austral de sua flecha. A constelação *Pi* é composta de duas estrelas principais, das quais uma é a cabeça de Andrômeda e a outra a extremidade austral de Pégaso. A constelação *Y* é composta de vinte estrelas, tanto de Crater como de Hidra. A constelação *Tchen* é composta de quatro estrelas, das quais uma está na ala austral, a segunda na pata, a terceira no bico e a quarta, na frente da ala boreal de Corvo.
Sempre há vento, dizem os comentaristas de Sun Tzu, quando a lua está sob qualquer uma dessas constelações. Talvez seja verdade no país onde eles escrevem.

dentemente é procurar a derrota. Você sabe que o fogo foi ateado, isso deve lhe ser suficiente. Enquanto isso, deve supor que ele está agindo secretamente e que seus efeitos serão ainda mais funestos. Ele está dentro, espere que exploda e que você veja as faíscas de fora, e poderá receber aqueles que tentarão se salvar.

2º Se pouco tempo depois de acender o fogo você ver que ele se ergue em turbilhões, não dê ao inimigo tempo de apagá-lo, envie homens para atiçá-lo, prontamente organize todas as coisas e parta para o combate.

3º Se apesar de todas as suas medidas e todos os artifícios que puder empregar não for possível a seus homens que penetrem no interior, e se você for forçado a acender o fogo do lado de fora, observe de que lado o vento vem. É deste lado que você deve começar o incêndio e o mesmo lado por onde deve atacar. Neste tipo de ocasião, não deve lutar no vento.

4º Se durante o dia o vento soprar sem parar, tenha certeza de que em algum momento durante a noite ele cessará. Tome suas precauções e faça seus arranjos.

5º Um general que, por combater seus inimigos, emprega o fogo sempre na hora certa, é um homem verdadeiramente esclarecido. Um general que faz uso da água com o mesmo objetivo é um homem excelente[3]. No entanto, a água deve ser usada com discrição. Use-a

---

3. Não sei com qual propósito Sun Tzu fala aqui de água. Os comentaristas, em vez de esclarecer suas ideias, confundem mais. Dizem, por exemplo, que não se deve inundar as provisões dos inimigos, que não se deve inundar os inimigos, e citam vários exemplos, em particular aquele de uma inundação feita por um de seus generais, que sozinha matou mais pessoas do que várias batalhas.

Capítulo XII | Das especificidades de se lutar com fogo

no momento certo, mas apenas para estragar os caminhos por onde o inimigo pode escapar ou receber ajuda.

As diferentes maneiras de usar o fogo em combate, tais as que eu acabo de indicar, são normalmente seguidas de uma vitória plena, da qual é necessário que saiba recolher os frutos. O mais importante de tudo, e aquele sem o qual você teria perdido seu cuidado e suas penas, é de reconhecer o mérito de todos aqueles que se distinguiram, é os recompensar proporcionalmente ao que fizeram para sucesso da campanha. Os homens se conduzem normalmente por interesse[4], se suas tropas só encontram no serviço castigos e trabalhos, você não as empregará duas vezes com vantagem.

A guerra é em geral uma coisa ruim em si mesma. Somente a necessidade deve fazê-la começar. Os combates, de qualquer natureza que sejam, têm sempre qualquer coisa de funesto mesmo para os vencedores. Devem ser realizados apenas para que outras guerras não aconteçam.

Quando um soberano está animado pela cólera ou pela vingança, que nunca levante tropas. Quando um general encontra em seu peito os mesmos sentimentos, que não entre jamais em combates. Os dois são tempos nebulosos, que esperem os dias de serenidade para se determinar e agir.

Se há qualquer esperança de benefício em se movimentar, faça seu exército marchar. Se não prever nenhuma vantagem, fique em

---

4. Esta máxima é verdadeira em toda a sua extensão para o país onde o autor vivia. Penso que não é o mesmo para a Europa. O amor pela glória dificilmente faria guerreiros medíocres, para nós ela forma heróis.

repouso. Mesmo tendo os motivos mais legítimos para irritação, sendo provocado ou insultado, espere, antes de fazer sua escolha, que o fogo da raiva tenha se dissipado e que os sentimentos pacíficos cresçam em seu coração. Não esqueça jamais que o seu plano em fazer a guerra deve ser levar a seu Estado à glória, ao esplendor e à paz, e não de colocá-lo em problemas, desordem e confusão. São os interesses da nação, e não seus interesses pessoais, que deve defender. Suas virtudes e vícios, suas qualidades e defeitos se refletem igualmente no que você representa. Mesmo seus menores erros têm consequências, os grandes são frequentemente irreparáveis e sempre mortais. É impossível erguer o que uma vez foi destruído[5], não se ressuscita quem já morreu. Assim como um rei sábio e esclarecido é cuidadoso ao governar, um general habilidoso não esquece nada para formar boas tropas, para empregá-los até a glória, a vantagem e a felicidade do Estado.

---

5. O autor fala aqui de dinastias, que uma vez destruídas, não voltam mais ao trono, pois, como regra, o novo conquistador destrói toda a linhagem daquele que acabou de destronar.

Porte du Camp

Cavalerie

Fusiliers

Fusiliers

Canoniers

Scutati

Pertuisaniers

Arbalestriers

Scutati

Canoniers

Pertuisaniers

Arbalestriers

Cavalerie

Fusiliers

Scutati

Pertuisaniers

Canoniers

Fusiliers

Tour des Signaux

Cavalerie

Cavalerie

Fusiliers

Fusiliers

Archers

Scutati

Arbalestriers   Arbalestriers

Scutati

Partuisaniers   Cavaliers

Arbalestriers

Pertuisaniers

Scutati   Fusiliers

Cavaliers

Cavalerie

Fusiliers

Cavalerie

Capítulo XIII

Do emprego da discórdia[1]

---

1. Um dos comentaristas, explicando este título, disse: Para guerrear com vantagem, é necessário se servir de dissensões e da discórdia. É necessário saber fazer com que nasçam e as aproveitar habilmente. É a arte mais útil, mas é cheia de dificuldades. Não existe outra igual em matéria de guerra, e não há outra que mereça mais atenção do general. Alguns dos comentaristas intitularam este capítulo *Da maneira de se empregar espiões*, afirmando que, na arte militar, saber aproveitar espiões é o que há de mais útil para um general.

Sun Tzu
DISSE:

Se tiver levantado um exército de cem mil homens e tiver que conduzi-lo pela distância de mil li (cem léguas é necessário levar em conta que tanto fora como dentro[1] tudo estará em movimento e em rumor. As cidades e vilarejos dos quais você tirou os homens que compõem suas tropas, as vilas e os campos de onde tirou suas provisões e tudo equipamento daqueles que devem conduzi-las, os caminhos repletos de gente que vão e que vêm, tudo isso não poderá acontecer sem que hajam muitas famílias desoladas, muitas terras não cultivadas e muitos gastos para o Estado.

---

1. Existem, disse o comentarista, nove tipos de terreno onde um exército pode se encontrar. Por consequência, existem nove tipos de locais sobre os quais ele pode lutar. Ainda por consequência, existem nove maneiras diferentes de empregar as tropas, nove maneiras de vencer o inimigo, nove maneiras de aproveitar suas vantagens e nove maneiras de se beneficiar com suas perdas. É para mostrar melhor a necessidade de conhecer bem o terreno que Sun Tzu retorna mais uma vez ao mesmo assunto, e coloca este capítulo imediatamente depois daquele em que trata expressamente do conhecimento do terreno.

Capítulo XIII | Do emprego da discórdia

Setecentas mil famílias desprovidas de seus chefes ou se seus provedores se encontram de repente sem condições de continuar seus trabalhos normais². As terras privadas de um número igual daqueles que lhes faziam valor diminuem, em proporção do cuidado que lhe é recusado, a quantidade e a qualidade da produção. Os salários de tantos oficiais, o pagamento diário de tantos soldados e a manutenção de todos gradualmente consomem os celeiros e os cofres do rei e do povo, e logo os esgota completamente.

Ficar muitos anos observando o inimigo ou guerreando não é amar o povo, é ser inimigo do Estado. Todas as despesas, todas as dores, todas as penas e todas as fadigas de vários anos, mesmo para os vencedores, são frequentemente superiores a um dia de triunfo e glória no qual venceram. Empregar apenas os cercos e as batalhas para vencer é ignorar igualmente os deveres do soberano e do general, é não saber governar, é não saber servir o Estado.

Assim, uma vez formado o plano de fazer a guerra, as tropas já prontas para iniciar tudo, não despreze os artifícios que pode empregar. Comece por se informar de tudo que diz respeito aos inimigos. Saiba exatamente todas as relações que podem ter, suas ligações e seus interesses recíprocos. Não guarde grandes quantidades de dinheiro. Não lamente mais o dinheiro gasto no estrangeiro, seja para conseguir traidores ou para procurar conhecimentos exatos, do que aquele dinheiro que você empregou para o pagamento daqueles alistados sob suas bandeiras. Quanto mais gas-

---

2. Antigamente, disse o comentarista que explica este cálculo de Sun Tzu, o povo era dividido de oito em oito famílias. Em cada oito pessoas na família, um era inscrito para a guerra. Os outros sete forneciam outros tipos de suporte necessários, como equipamentos.

tar, mais ganhará, é dinheiro que investe para receber um grande retorno. Tenha espiões em todos os lugares, seja instruído de tudo, não ignore nada que possa aprender. Mas quando aprender qualquer coisa, não a confie indiscretamente a todos que se aproximam de você. Quando for usar alguma astúcia, conte mais com as medidas que tomou para o sucesso do que com a ajuda dos espíritos que invocou[3].

Quando um general habilidoso se movimenta, o inimigo já está vencido. Quando luta, ele deve fazer sozinho mais do que todo o exército junto, não, contando, pela força de seu braço, mas por sua prudência, por sua maneira de comandar e, sobretudo, por sua astúcia. Ao primeiro sinal, uma parte do exército inimigo deve se organizar a seu lado para lutar sob seu estandarte, ele deve ser sempre o mestre da concessão de paz e de concedê-la nas condições que julgar apropriadas. O grande segredo de superar tudo consiste na arte de saber fazer a divisão no lugar certo, divisão nas cidades e vilarejos, divisão dentro, divisão entre inferiores e superiores, divisão de morte, divisão de vida. Esses cinco tipos de divisão são galhos do mesmo tronco. Aquele que as sabe usar é um homem realmente digno de comandar, é o tesouro de seu soberano e o alicerce do império.

Chamo de divisão nas cidades e vilarejos, ou simplesmente divisão de fora, aquela pela qual encontramos o meio de tirar do partido inimigo os habitantes das cidades e vilarejos que estão sob seu domí-

---

3. Os comentaristas não concordam entre si sobre o sentido dessa última frase. Uns explicam como eu expliquei, outros dizem que deve ser entendida da seguinte maneira: *Quando empregar qualquer astúcia, esconda seus planos e medidas que tomar para que tenha sucesso de modo que nem mesmo os espíritos os descubram.* Uma terceira interpretação diz: *Quando empregar qualquer artifício, não será evocando espíritos nem fazendo previsões aproximadas do que deve ou pode acontecer que você terá sucesso. É unicamente sabendo com certeza, pelo relatório fiel daqueles que o servem, a disposição do inimigo, a consideração ao que você quer que eles façam.*

Capítulo XIII | Do emprego da discórdia

nio, e de lhes atrair de modo a poder se servir deles certamente em caso de necessidade. Chamo de divisão de dentro aquela pela qual encontramos meios de ter a seu serviço os oficiais que servem atualmente o exército inimigo. Pela divisão entre inferiores e superiores, entendo aquela que nos coloca em estado de aproveitar o desentendimento que plantarmos entre os diferentes corpos que compõem o exército que vamos combater. A divisão de morte é aquela por qual, depois de mandar um falso aviso sobre o estado em que nos encontramos, fazemos correr rumores de injúrias ao inimigo, que passaremos até a corte de seu soberano, que, acreditando serem verdadeiros, se conduz em consequência contrariamente a seus generais e todos os oficiais que estão atualmente a seu serviço. A divisão de vida é aquela pela qual dinheiro é gasto a mãos abertas para pagar todos aqueles que deixarem o serviço de seu mestre legítimo e passar para o seu lado, ou para combater sob seus estandartes ou para lhe prestar outros serviços menos essenciais.

Se você soube fazer traidores nas cidades e vilarejos dos inimigos, com certeza terá logo uma boa quantidade de pessoas que lhe serão inteiramente devotas. Você saberá por meio delas a disposição do grande número delas a seu lado. Eles sugerirão a maneira e os meios que deve empregar para ganhar os compatriotas de quem você tem mais a temer, e quando chegar a hora de fazer os cercos, você poderá conquistar sem ser obrigado a montar assalto, sem ferir e nem mesmo desembainhar a espada.

Se os inimigos que estão ocupados guerreando contra você têm a serviço deles oficiais que não concordam entre si: se de mútuas desconfianças, de pequenas invejas, os interesses pessoais os mantêm divididos, você encontrará facilmente os meios de destacar deles uma parte, pois não importa o quão virtuosos possam ser, o quão devotos de seu soberano, a sedução da vingança, das riquezas e dos postos eminentes que você prometerá serão o suficiente para ganhá-los. E uma vez que essas paixões forem acesas em seus corações, não há nada que não tentarão para satisfazê-las.

Se os diferentes corpos que compõem o exército inimigo não se ajudam entre eles, se estão ocupados a se observar mutuamente, se procuram machucar uns aos outros, será fácil para você manter os desentendimentos e fomentar a divisão. Você os destruirá gradualmente um a um, sem que haja a necessidade de algum deles se declarar abertamente pelo seu lado, todos servirão a você sem querer e mesmo sem saber.

Se você fez correr rumores, tanto para persuadir o que quer que acreditem sobre você, quanto sobre os falsos avanços que você diz terem sido feitos pelo general inimigo, se você tiver passado falsas opiniões para a corte e o conselho do rei contra os interesses do qual você luta, se você fez com que duvidassem das boas intenções daqueles cuja fidelidade ao rei é conhecida, logo verá que entre os inimigos as desconfianças tomaram o lugar da confiança, que as recompensas foram substituídas pelas punições e as punições por recompensas, que os menores índices tomarão o lugar das provas mais convincentes para eliminar qualquer um que gere desconfiança. Assim, os melhores oficiais deles, os ministros mais esclarecidos ficarão repugnados, seu zelo e confiança esfriarão e, não vendo esperança de um futuro melhor, se refugiarão com você para se livrar dos medos justos que os deixam perpetuamente agitados, e para proteger sua vida. Os pais, aliados e amigos deles serão acusados, procurados e senten-

Capítulo XIII | Do emprego da discórdia

ciados à morte. Exigências se formarão, ambições crescerão, serão apenas falsidade, execuções cruéis, desordem e revoltas por todos os lados. O que você precisará fazer para se tornar mestre de um país cujo povo já quer se ver sob sua posse[4]?

Se você recompensar aqueles que se entregarem a você para fugir dos medos justos que o deixam perpetuamente agitados, para proteger sua vida, se você der a eles um emprego, os pais, aliados e amigos deles também serão súditos que você conquistará para seu rei. Se você gastar dinheiro a mãos abertas, se tratar bem a todos, se impedir que seus soldados façam qualquer mal nos lugares por onde passarem, se os povos vencidos não sofrerem nenhum dano, tenha certeza de que já ganharam, que o bem que falarão de você atrairá mais súditos a seu mestre e mais cidades sob sua dominação do que as mais brilhantes vitórias.

Fique vigilante e informado, mas mostre ao exterior muita segurança, simplicidade e mesmo indiferença. Esteja sempre em alerta, mesmo que pareça não pensar em nada. Desconfie de tudo, mesmo que pareça tranquilo. Tenha muitos segredos, mesmo que pareça que é um livro aberto. Tenha espiões por todos os lugares. Em vez de palavras, use sinais. Veja com a boca e fale com os olhos. Isso não é fácil, é bem difícil. Às vezes nos enganamos quando acreditamos enganar os outros. Apenas um homem de prudência consumada,

---

4. As vantagens que devemos garantir como resultados e efeitos dos artifícios sugeridos aqui são reais. Podemos provar com um rol de exemplos tirados da história chinesa, mas eles não concluem nada, a meu ver, para outras partes do mundo, onde cada reino parece ser uma nação à parte. A maior parte das guerras que os chineses travaram foram contra outros chineses, era uma parte da nação que lutava contra outra. Em consequência, frequentemente parecia indiferente para o corpo inteiro dessa mesma nação que a vitória fosse declarada por tal ou tal lado. A interrupção da guerra e dos males que ela necessariamente traz eram o objeto de seus votos, e ele reconhecia por mestre aquele de quem tinha razão de esperar melhores tratamentos, após a completa extinção daqueles para quem o trono poderia retornar por direito de sucessão. Assim, os infelizes e os vencidos eram tratados como rebeldes.

um homem extremamente informado, um sábio de primeira ordem poderia empregar artifícios de divisão com sucesso. Se você não é tal homem, deve renunciar os artifícios, o uso que fizer deles será somente em seu detrimento.

Depois de dar à luz qualquer projeto, se descobrir que seu segredo foi vazado, mate sem perdão tanto aqueles que o divulgaram como aqueles que o ouviram. Estes últimos não são culpados ainda da verdade, mas podem se tornar. Suas mortes salvarão a vida de alguns milhares de homens e assegurará a fidelidade de um número ainda maior.

Puna severamente, recompense largamente. Multiplique os espiões, tenha-os por todos os lados, dentro do próprio palácio do rei inimigo, nos aposentos de seus ministros, sob as tendas de seus generais. Tenha uma lista dos principais oficiais que estão a serviço dele, saiba seus sobrenomes, seus nomes, quantos filhos têm, seus pais, seus amigos, seus empregados. Que nada que se passe em suas casas passe despercebido por você.

Você terá espiões por todos os cantos e deve supor que o inimigo também os terá. Se você os descobrir, não os mate. Suas vidas serão muito mais valiosas para você. Os espiões do inimigo servirão a você eficazmente se medir apropriadamente seus passos, suas palavras e suas ações, de modo que mintam para aquele que os enviou.

Enfim, um bom general pode tirar proveito de tudo. Não deve se surpreender com nada, não importa o que possa acontecer. Mas acima de tudo, deve colocar em prática os cinco tipos de divisão. Se tiver realmente a arte de usá-los, não há nada que não conseguirá fa-

Capítulo XIII | Do emprego da discórdia

zer. Defender os territórios de seu soberano, aumentá-los, fazer cada dia novas conquistas, exterminar os inimigos, fundar novas dinastias, tudo isso será somente o efeito dos artifícios empregados.

O grande Y-yn[5] não viveu no tempo dos Xia? E foi por ele que a dinastia Yin se estabeleceu. O famoso Luyu[6] não era súdito dos Yin quando, por seus meios, a dinastia Zhou subiu ao trono? Qual dos nossos livros não elogia abertamente esses dois grandes homens? A História alguma vez os tratou como traidores de sua pátria ou rebeldes de seus soberanos? Longe disso, ela sempre os tratou com o maior respeito. Eles são, ela diz, heróis, príncipes virtuosos, personagens santos[7].

Aqui está tudo que eu poderia dizer de substância sobre a maneira de empregar as divisões, e com isso termino minhas reflexões sobre a arte dos guerreiros.

5. Y-yn, que também era chamado de Y-che, era ministro do último dos imperadores da dinastia Xia. Este imperador era objeto de execração de todos os seus súditos. O sábio Y-yn frequentemente insistia para que mudasse sua conduta, mas sempre inutilmente. Decepcionado ao ver que apesar de todo o seu cuidado e zelo, tanto pelo bem do público como pela honra e glória de seu rei, o império continuava em decadência, ele se retirou da corte para levar uma vida privada. Passava seus dias no campo, onde cultivava a terra com suas próprias mãos. Foi nessa solidão que Zheng-tang, príncipe do país de Shang, o informou de suas intenções para o bem do império e o convocou para retornar para a corte, onde trabalhou eficazmente na fundação de uma nova dinastia, que é a de Shang, do nome do principado onde reinava Zheng-tang. Esta revolução aconteceu no ano 1770 antes de Jesus Cristo.

6. Luyu, mais conhecido pelo nome de Tai-koung, era um dos principais oficiais do império sob Zhou, último imperador da dinastia Yin, que foi extinta por volta do ano 1112 antes de Cristo. Foi aos conselhos, à prudência, à sabedoria e à virtude de Tai-koung que Ou-ouang devia a glória que teve ao reunir em seu favor todos os corações dos súditos da dinastia que ele extinguiu.

7. Um dos comentaristas explica essa frase da seguinte maneira: *Não tema os nomes de hipócrita, traidor ou rebelde, tudo depende de seu sucesso. Por melhores que sejam suas intenções, se tiver deveres e seus planos fracassarem, você será horrível na posteridade, passará por homem ambicioso, por perturbador da paz pública, e até pior, por um rebelde. Mas, ao contrário, se tiver sucesso, será lembrado como um sábio, como pai do povo, como restaurador das leis e suporte do império, Y-yn e Luyu são prova disso. Mas, a exemplo destes grandes homens, tenha sempre boas intenções, só aja com justiça e, como eles, você construirá uma reputação que não morrerá jamais*, etc. A maior parte das máximas que são correntes neste capítulo das divisões são condenáveis, como contrárias à honestidade e outras virtudes morais que os próprios chineses professam. Mas esses mesmos chineses se acreditam permitidos a tudo quando o caso é de oprimir inimigos que eles veem como rebeldes. No entanto, eles não têm todos a mesma opinião sobre este assunto.